ののはな園のこと

小山博子

ののはな園のこと 目次

表紙絵・石井詩穂
装　丁・横幕朝美

1　はじめに一緒に過ごした子どもたち

昭和四三（一九六八）年八月二日、岡山駅から明石駅まで山陽本線の快速電車に乗り、明石駅で乗りかえて、教えられた通りに、なんとか芦屋駅までやって来ました。

私はこのころ、岡山の駅前にあるG社で伝票をめくってそろばんをはじく、ごく普通の事務の仕事をしていました。G社は、和やかで家庭的な雰囲気の楽しい会社です。社員旅行はもちろん、若い社員だけでの夏山登山や冬のスキーなどいろいろな楽しい親睦旅行もあり、その上に、ほとんど毎日定時で帰れます。そんな勤務だったので、帰宅後の夜に家の近所で和裁を習っていたのです。習い始めて二年ほど経った七月下旬、和裁の先生が訊ねられます。

「芦屋にある、知的障害児の施設に勤める気はない？」

先生のお宅には、私よりひとつ年下の女の子がいます。その子の友だちが勤めている施設だそうです。その施設には、知的障害児の小学校も併設されていて、保母資格か教員免許を持っているひとを求めている、というお話でした。

私は京都にある大学の短期大学部で小学校と中学校国語の教諭免許を取得していて、学校の先生になりたいと思っていました。それが、京都にいた私が気づいたときには、岡山県の教員採用試験は終わっていました。

しかたがありません。また来年の採用試験を受けようと思って岡山に帰って来たのです。それなのに、採用試験に挑む意欲は心の奥に押し込んで、G社の居心地のよさに浸りきっていました。そんな折のお話です。

「行ってみたいと思います」とお願いして、一週間後のこの日に、芦屋まで面接にやって来たのです。

芦屋と聞くと、お金持ちの方が住んでいるという印象を持って来ましたが、芦屋駅は思いのほか小さな駅でした。暑いときだったからでしょうか、降りるひともいません。

芦屋駅の前で握り締めていた紙を広げて、皺を伸ばして見直しました。〈芦屋市楠町、S学院。駅から真直ぐ国道二号線に出る。左に折れ国道沿いを次のバス停まで歩く。バス停前の左に入る道を、一、二分歩く〉

駅前の道を少し歩くと国道でした。直ぐ目の前を、ゴォーゴォーとひっきりなしに大きな車が走って行きます。「左はこっち」と呟きながら、乾ききった国道脇の歩道を歩き始めました。うしろから、次々と車が追い越して走り去って行きます。急き立てられるような不安に襲われて歩いていると、濃い緑の木立に囲まれた石碑が見えました。大きな石碑に「大楠公戦跡」と刻まれています。

訪ねている先の住所は楠木町です。「楠」の文字だけで、歩いている方向に間違いはないと確信して、茂った樹木の中から湧き出してくる蝉の声を耳に、やっと、流れる汗を拭いました。

再び歩き始めて間なしの所にバス停がありました。左側には小道があり、突き当たりの小高い丘の上に大きな建物が見えます。辿り着いたのです。でも、ホッとしている暇はありません。これから面接です。また気を引き締めて、道の両脇に真っ赤なサルビアが並んでいる長い坂を上りました。

お会いした院長先生は、六〇歳ぐらいの温厚そうな男の方でした。緊張している私に、貫禄ある体つきの先生がゆったりと静かにおっしゃいます。

「健康でやる気さえあれば勤まりますよ。職員が辞めて、二学期から困るので夏休み中に職員を補充しようと、探していたところなのです」

さして困っている様子でもないほど穏やかにゆっくり話したあと、院長先生は施設を案内してくださいました。

鉄骨二階建ての大きな建物の中は、子どもたちが生活する部屋が一階に、二階には少し小さめの職員用の個室がそれぞれ一〇室ずつほど並んでいます。

大きな鉄骨の白いモダンな建物の両脇には、これまた大きな木造二階建ての建物がコの字型に肩を並べていました。長い歴史を物語っているような木造の建物の一方は小学校で、もう一方が本館でした。

敷地は広大で、学齢期を過ぎた子のための農園や、織物をする織機が並んだ家事実習棟、登り窯がある焼き物棟、食堂棟などがあり、敷地の一隅には、こんもり茂った樹木の中に院長先生の邸宅もあります。

施設を回っていると、子どもたちが次々と寄ってきて「新しい先生?」と親しげに院長先生に訊き、そばに立っている私にも人なつこい笑顔を向けてきます。

傍らにいるだけで、ほっ、と安心できるような院長先生から、優しくお誘いの言葉をいただき、九月からここで勤めさせていただくことになりました。二三歳のときでした。

施設で働く職員用の個室には、小学校で担任を持っている若い女性が七人と、専ら寮で子どもの生活を世話する年配の方がふたり入っておられました。農園には、学齢期を過ぎた男の子と、その子らと一緒に生活している中年の男性と女性が、家事実習棟には通勤の職員がふたり居て、通って来る学齢期を過ぎた女の子に手芸や織物の指導をしておられます。

ほかにも通勤の職員がたくさんおられ、言語指導、陶芸指導、栄養士や調理員、そして事務と、みんな合わせると二〇人以上が働いていたように思います。

施設で生活している子は、登校の時間になると、併設の翠ヶ丘小学校に行きます。学校へは、施設に入っている子だけではなく、大阪や神戸の自宅からお母さんと一緒に通学してくる子もいました。

私の担任は、八歳から九歳の子ども五人です。

その中に、通学の子が三人います。遠くを見ているような目で自分の世界に浸って手をひらひら動かし、話しかけると奇声を発するトンちゃん。一度椅子に座ったら、そのまま机から離れない泰くん。にこにこそばに寄ってきて、身体に触って離れない典くん。

通学の子のお母さんは、子どもを教室まで連れて来られて、「お世話になります。大変ですけどよろしくお願いします」と丁寧に挨拶をして帰って行かれます。

施設の子は、ふたりです。布切れや紙切れを抱えきれないほど確保して離さない正くん。ちょっとした刺激でひっくり返り、全身を突っ張って痙攣する進くん。

どの子も、今まで私が出会ったことのない子です。目の前の子にどう接すればいいのか、ずいぶん戸惑いました。

施設で生活しているときにはたくさんの同僚職員がいて、それとなく様子を見たり、教えてもらったりしながら、できることをすれば良かったのですが、教室に入ると、私ひとりです。指導要領や観察記録などいくら見ても、なんの役にも立ちません。新米の私の話しかけなど、どこ吹く風、なかなか応じてもらえないのです。

両隣の教室のヨリ子さんとタカさんに一つひとつ聞き、援けてもらいながら、なんとか、一日いちにちを過ごしました。

小柄のがっしりした体型のヨリ子さんは、保育専門学校で障害児の理解や配慮をしっかり勉強した二年目の先生です。細身ですらっとしたタカさんは、この道八年のベテランの先生です。私の言葉に反応しない子が、高く優しい声で語りかけるタカさんの言葉には、サッと応じて動くのです。ヨリ子さんとタカさんは、自分のクラスの子たちが散歩に出かけるときは声をかけてくださり、私も子どもも喜んで一緒に行きました。

施設を出ると、どちらを向いて歩いても電車に出会えます。施設のすぐ裏側を山陽本線が走り、少し南を走るのは阪神電車、北側は阪急電車です。

子どもたちは、走ってくる電車を見ると、私が今まで見たこともないほど目を輝かせ、相好をくずして感動の声をあげます。

勤務は、早朝から学校が終わるまでと、学校が始まる時間から眠る前までと、交互です。勤務が終わった職員は互いの部屋を行き来し、集まっては受け持っている子のことや、寮での仕事のことなど話し合います。人望のあるタカさんの部屋には、殊によくひとが集まります。

タカさんは大きな夢を持っていました。長野の過疎地に、今は廃屋になっている彼女所有の家を「障害を持ったひとと一緒に暮らす家にしたい」という夢です。その夢に、タカさんに心酔しているヨリ子さんも加わっているようです。ふたりは、自分たちの夢の家について、いつも熱く語り合い、機織を習ったり、農園の先生の話を聞いたり、陶芸を教えてもらったりしながら、着々と準備を進めていました。

勤めだした当初の私は、食事が喉を通りませんでした。食事は食堂に集まってみんなで一緒に食べるのですが、向かい合って食べている子の涎や青鼻汁が気になって、食事どころではなかったのです。それが、いつのころからか、向かいの子に「鼻汁が出ているよ」と言いながら、パクパク食べるようになっていました。空腹に耐えられなくなったのか、環境に慣れたのかは判りませんが。

運動会を終え、遠足を終えたころには、担任の子との関わりにも慣れました。施設の方でも、慕ってくる学齢期を過ぎた女の子たちの要望に応えて、お茶を教えたりもし始めました。

毎日まいにち子どもに囲まれて、子どもの中に埋もれて過ごしているうちに私は、この子たちが障害を持っているということすら、意識しなくなっていました。ごく普通に、施設の子どもたちと対等に関わり合っていたのです。

勤めだして三か月ほど経った一二月初めのことです。

仕事を終えたあと、クリスマス会について話し合うため、四、五人がヨリ子さんの部屋に集まりました。その話が終わるとヨリ子さんは、いつものように、長野での夢の家つくりの話を始めました。聞いているだけの私に向かってヨリ子さんは、ふっ、冗談のように話を振りました。

「一緒に、長野に行く？」

「とんでもない。そんな覚悟はないわ。無理むり！」

いつも食堂で出会う見上げるほど大きな、脅威すら感じる農園の男の子を思い浮かべて、慌てました。

「大きな子は無理だけど、小さな子と一緒に生活したいわ」

「それなら保母資格を取らんと。毎年、夏に試験があるよ」

私はそのときまで、保母資格が試験で取れるということすら知りませんでした。その試験を受けたい、と言うと、ヨリ子さんは試験の科目や時期などを説明して、そのあと、言います。

「院長先生にお願いすれば、手続きをしてくださるよ」

集まっていたみんなは、次つぎ話を展開しました。そのとき初めて、この施設のことや院長先生のことなどを聞いたのです。

ここは、ずいぶん古い歴史を持っている施設だということ。医学博士だった先代の院長が、まだ福祉など問題にもされていなかった昭和の初め、個人で経営し始めた兵庫県で最初の知的障害児の施設であること。施設ができて一〇年ほどのち、付属の小学校が併設されたこと。そんな関係で、現院長も兵庫県の社会福祉関係者の中でかなり権限があること。

そんな話を聞いて、本館と小学校の由緒ありげな佇まいが納得できました。が、そんな話よりなにより、保母資格を取る機会がある、ということが私の心を大きく占めていました。

次の日、早速、保母試験を受けさせていただきたい、と院長先生にお願いに行きました。院長先生は喜んで受験の手続きを引き受けてくだり、その上に、うちに娘さんが来ているから、とピアノの先生まで紹介してくださいました。試験科目の中にあるピアノに難儀するひとは、私のほかにもおられたのでしょうか。

ピアノの先生のお宅には一六歳になるダウン症の女の子がいて、この学院の付属小学校を卒業して、今は家事実習棟で機織りを習っていたのです。

私はピアノが苦手で、片手で辛うじてメロディーが弾ける程度しかできませんでした。そんな私は、先生のお宅に伺うときには心も身体も張り詰めて、ピアノの鍵盤に両手を乗せるや否や、ぱっ、と手の甲に蕁麻疹が出るほど緊張しました。

院長先生は、そんなようすを聞かれたのかもしれません。学校の音楽教室のピアノを使って練習していい、と許可をくださいました。同僚の陽子さんからも、本館に置いてある彼女のピアノも使ってもいいよ、と言ってもらえました。陽子さんは、大学で声楽を専攻していたそうで、卒業と同時にこの施設に就職したため、学生時代に持っていたピアノを本館に置かせてもらっていたのです。

それからは、早朝や夕方や休憩時間など、勤務に就いていない時間のほとんどをピアノの練習に充てました。学校が空いている時間には音楽教室で、朝や晩には本館のピアノをお借りして、ぽろんぽろんと練習しました。

三月ごろのことだったと思います。早朝練習を終えて行った食堂で、男の先生に声をかけられました。六〇歳過ぎの枯れた雰囲気の独り者の方です。

なんでも、先代院長のときからこの施設を献身的に支えて来られ、今は本館の一室で起居されているという話を聞いていました。

「最近、雨だれ協奏曲がよく聞こえてくるようになりました。今朝もその音で目が覚めました」

抑揚なく、やっと聞き取れる程度の声で、ぼそっ、とひとり言のように言われるので、適当に笑って相槌を打って誤魔化しました。が、はっ、と気がついたのです。ピアノの音だ！　瞬間、冷や汗が流れました。

「いつも下手なピアノの音でうるさくして、申し訳ありません。今朝も早くから、ごめんなさい」

恐縮しながら、しどろもどろに謝っていると、その先生は少しだけ口元を緩めて、激励の言葉をかけてくださいました。

「いやいや、頑張っているな、と聞いていますよ。朝は、ぼつぼつ起き出すころだからいいんですよ。目覚まし代わりです」

もう、自分が練習する時間を作ることに精一杯で、ひとのことにまでは考えが及びませんでしたが、さぞ周りのひとは煩かったことでしょう。

資格試験は実技と学科とあります。実技試験は音楽のほかに造形や言語もあり、ピアノは音楽の中のひとつです。学科の方もたくさんあり、次々と短期間に覚えなければなりません。頭を振ると、せっかく覚えたことがポロポロこぼれ落ちてしまうと思えるほど、詰め込みました。

八月初め、三日間に亘って試験があり、九月に発表がありました。

周りのみなさんの暖かい励ましと協力をいただいたお陰で、なんとか資格を取得できました。芦屋に来て一年経ったときでした。

「試験に受かったよ！」と、両親に電話で報告しました。

両親も嬉しかったのでしょう、秋のお彼岸に親戚が集まったとき、私が保母資格を取った話をしたそうです。その場に、津山の短大に勤めていた伯母がいました。伯母はちょうどそのころ学生の就職担当で、あちらこちらの幼稚園や保育園を訪問していたようです。

しばらくして冬休みに入る前、父から電話がありました。

「伯母さんが、岡山の保育園に勤めないか、と言ってくださっているけど。帰って来ないかな？」

学校を卒業して事務の仕事をしていた私は、この施設ではじめて、子どもと一緒に過ごす楽しさを知りました。でも、タカさんやヨリ子さんのように、この子たちと一緒に生活する施設をつくるなど、そんな熱意にはついていけません。できれば、小さな保育園で、小さな子どもに囲まれて過ごしたいな、と思いました。そのうえに岡山に帰りたいという強い思いも加わりました。

お正月に岡山に帰った私は、伯母にお願いする旨を伝えました。それから三か月のち、昭和四五（一九七〇）年三月末日、たくさんのひとたちとの別れを惜しみながら、芦屋の施設をあとにしました。

荷物の中には、子どもたちが書いてくれた、たどたどしい文字の手紙がたくさん入っていました。

振り返ってみると、芦屋で過ごした一年七か月は、私にとって大きなものでした。子どもたちと一緒に過ごす楽しさを教えてもらったこと。知的障害の子どもの中で、なんの違和感もなく一緒に生活したこと。そして、「自分たちの施設をつくりたい」という夢を抱いていたタカさんやヨリ子さんに出会ったこと。なによりも大きかったのは、保母資格を取らせていただいたことでした。

保育の仕事など考えたこともなかった私は、この施設で自分の進む道の礎石を作っていただいたように思えます。

今、私はつくづく感じています。ひとの進む道は、偶然とも思えるちょっとした出会いから拓けていくものなのだな、と。

2　夢に向かって

昭和四五（一九七〇）年四月から、二五歳の私は、伯母の紹介で岡山市内のN保育園に勤めさせていただくことになりました。N保育園の園長先生は、私の父と同郷で、伯父、伯母と面識があり、思い出話などしながら温かく迎え入れてくださいました。

保育園は、朝七時半から夕方六時までが通常の開園時間です。でも、保護者のご都合で子どもを連れて来られるため、登園時間はバラバラです。降園するのも、早い子や遅い子や、ひとりずつ違います。年齢別のクラスでまとまって活動するのは、一〇時前から四時過ぎごろまでです。その前後の、子どもの人数が少ない時間は、いろいろな年齢の子どもが一緒に過ごします。

その、さまざまな年齢の子と触れ合える時間は、保育園勤務が初めての私には、得難いものでした。それぞれの年齢の子たちの様子や遊び方はもちろん、ミルクの作り方から、オシメ交換の仕方に至るまで、一つひとつ勉強させていただきました。

同僚の中に、子どもの扱いによく慣れた福子さんという色白でふっくらした体格の方がいました。福子さんとは年齢が近い上に、住んでいる所も近くでした。その彼女からいろいろ教わりながら親しくなり、しだいに、なんでも話せる間柄になりました。そのうち、話の弾みで、以前勤めていたときから密かに抱いていた、小さな自分の保育園をつくりたい、という私の夢を語ってしまいました。驚いた様子で目を見開いた福子さんは、奮い立つように言いました。

「私も前から同じ事を考えていたのよ。でも、ひとりで思っていただけで、なかなか行動には移せなかったの。一緒につくろうよ!」

結婚している福子さんには、もうすぐ一歳という男の子がいます。福子さん夫婦とその子は、彼女の実家に住んでいて、両親に自分の子どもを見てもらいながら働いていました。小さな子を他人に預けて働くことに対して、まだまだ家族の間でも抵抗があったのかもしれません。

そのころは「ポストの数ほど保育所を」というスローガンを掲げての運動が広がっていた時代で、保育所の数が足らなかったときです。殊に、一歳未満児を受け入れる保育所はとても少なく、受け入れの人数も限られていました。その上に、入園できるのは、四月の新入園児受け入れのときだけです。

出産して、年度の途中で仕事に復帰する母親は、子どもを預ける所がなくて、四月の年度替わりまでは、子どもの祖父母に頼ったり、認可外の保育園を探して預けたりしていました。

四月まで待っても入園できるとは限りません。新年度からの受け入れ児の選考は厳しく、祖父母と同居やお店などの自営業の方は、育児者が家にいるため、保育に欠けるという条件を満たさないということになり、なかなか受け入れてもらえない状況でもありました。

私が密かに思っていた「小さな保育園」は、この行政の谷間を埋める役目の、認可外の保育園でした。

福子さんと知り合って一年ほど経ったころ、彼女が第二子を妊娠したと聞かされました。彼女自身、出産後の仕事をどうするかに迫られてきました。出産後も子育てと仕事を両立しようと思っている福子さんの場合、行政の方針にしたがうと、働くに働けない状況になります。

私たちは、夢に向かって動き出しました。

仕事が休みの日には、どこかに古い家はないか、手頃な借家はないかと、ふたりで手分けして不動産屋を回りました。いくつか借家はありましたが、今にも崩壊しそうな家でも、保育所に改造してもいいという所はありません。新聞に載っている不動産の広告や挿んであるチラシも、いつも隈なく見ていました。

そんなある日、新聞の折り込みチラシの中に、「造成地売出し」の広告がありました。岡山市の北のはずれの田んぼを埋め立てた所でした。

そのチラシを福子さんに見せました。古い家も手頃な借家も見つからない私たちは、この造成地に強く惹きつけられました。

「ここなら、お互いの実家にも近いし、ここはいいねぇ――」

でも残念ながら、手の届くお値段ではありません。

そんな話を両親にしたところ、見かねていたのでしょう、その土地の一画を購入しようと言ってくれました。七五坪の土地でした。


当時、私は広瀬町の実家にいました。実家には新婚の兄夫婦が住んでいて、両親は真庭郡の父の赴任先にいます。私は俗に言われる、鬼千匹の小姑、の存在で兄夫婦の世話になっていたのです。

そんな状況だったので、兄夫婦と私の両方に気遣いした両親は、その土地を購入してくれたもののようです。

話は飛びますが、このときから数年のちに、両親はこの造成地の中の別の一画に自分たちの小さな隠居を建てました。私の保育園から目と鼻の先であり、兄が住んでいる広瀬町の実家からも車で一〇分ほどの場所です。

父は、定年後に岡山に帰ってから住むには最適な場所と考えたようです。

両親に購入してもらった土地に建てる家もまた、父の知人である田舎の大工さんに頼んでもらうことになりました。もう、夢見心地です。

「ありがとう。家を建てるお金は、貸してね。少しずつでも、必ず返していくからね。ありがとう、ありがとう」

ひたすら両親に感謝し、なんどもお礼を言いながら約束しました。

そうは言ったものの、現実の問題として当分の間は、保育園から収入があるとは考えられません。当分どころか、行政が措置するまでの間、困っている保護者の子どもを預かろうとする保育園です。海のものとも山のものとも分からないのです。保育園を維持し、両親から借りたお金を返済するための収入源を考えました。

この土地の近くには大学があり、周辺には学生がたくさんいます。あちらこちらに学生アパートも立っています。保育室を確保した残りのスペースを学生に貸す部屋にして収入を得よう、と思いました。

　この構想を聞いた福子さんは、自分たち家族にも部屋を貸して欲しい、と言い出しました。福子さんの家族は、ご主人と子どもの三人です。その親子三人は、福子さんの実家に居候していました。出産すれば家族は四人になります。彼女の両親に気を遣い、肩身の狭い思いをしているご主人の事を考えたのでしょう。

　それからは、買ってきた方眼紙に図面を書いては、福子さんに見せました。

「まず、ここが保育室。ここがトイレ。ここで洗濯をして、ここで食事を作って。貸す部屋はここでいいかなぁ」

　必要なスペースをあっちにしたり、こっちに動かしたり、何枚もなんまいも時間を忘れて描きました。実に楽しい作業でした。

　出来上がった図面は、七五坪の土地を最大限に使った、無駄な空間のない、四角い二階建ての家の青写真でした。

三〇畳余りの板張りと、八畳の畳の間の保育室、調理室、トイレなど保育に必要なスペースをとり、次に、福子さん家族四人の住居になるスペースをとりました。学生に貸す部屋は二階です。外の遊び場はわずかしか残りませんが、贅沢を言ってはおられません。

福子さんと私は、図面を前にして夢を膨らませながら話しました。

「三歳までの子どもが、二〇人ほどだねえ」

「二〇人なんて、夢だわあ」

「外の遊び場は少ないけど、乳児から三歳くらいまでの、年齢の小さい子どもだけだと大丈夫だね」

「周りに、広い田んぼがいっぱいあるしねぇ」

「子どもは、慣れたころには大きい保育園に移って行くんだけど、頑張ろう」

図面は、父から大工さんに渡してもらいました。大工さんからの返事は、田植えが終わりしだい取り掛かる、とのことでした。

夢だと思っていた「小さな保育園」は、いよいよ着工の運びとなりました。

「私の夢が――、小さな保育園が実現する！」

心の中で叫びながら、もう嬉しさを通り越して、身震いするほどの緊張と気持ちの昂ぶりを覚えました。

それからあと、地鎮祭も棟上げも両親に任せ切りで仕事をしていた私は、仕事帰りに保育園用地に立ち寄ることが日課となりました。四隅に立てられた青竹や御幣、着々と進む基礎工事。それから柱が立てられ、屋根がつき、次第に形になってくる家を、毎日まいにち、日が暮れるまで眺めました。柱が立っているだけの家の中に入り、その空間にいる子どもたちの姿を夢見ながら。

昭和四六（一九七一）年六月から着工した小さな保育園は、夏を越えたころには家らしい形になってきました。出産の予定日が近づいた福子さんのお腹も、だんだん大きくなってきて、福子さんは産前休暇に入りました。

大工さんからは、一〇月中旬には家の引き渡しができると聞かされました。

夢の実現は目の前です。「いよいよ」と思うと、頭の先から手足の先まで電気のような緊張が走り、たくさんのしなければならないことが頭の中をくるくる回ります。急き立てられるように、建築中の部屋に転がっている木切れやタイルや樋《とい》の切れ端を拾い集めました。木切れは積み木に、きれいなタイルはおはじきに、樋は砂場遊びのトンネルに、と。

暇さえあれば広げていた保育指針も、真剣に読み込みました。必要な書類、備品、玩具なども書き出しました。

でも、まず園児を集めなくてはなりません。そのためには、保育園に名前がないと前には進めません。いろいろな園名を考えて、福子さんに相談に行きました。

福子さんは、家が出来しだい引っ越しする予定のようです。家の完成と出産とが同時期になりそうで、大きなお腹を抱えて引っ越しの準備や片付けに奮闘していました。

彼女は、保育園の名前にこだわることはなく、田んぼの中につくるので、

「ののはな園」と決めました。次は、開園をいつにするのか、です。家は、遅くても一一月には出来ると予測できます。福子さんも、そのころには出産していると言います。準備期間を一か月ばかり置いたとして、一二月からなら子どもは預かれるだろうと話し合いました。

結果、開園日は、私の二七歳の誕生日と決定です。少し前から申し込んでいた電話も、番号が決まっています。

その当時、電話を申し込んでも回線に空きがない地域ではずいぶん長く待たされていました。そのうえ、五、六万という高額で権利を買う、という形だったように思います。

住所、電話番号、園名、そして開園日まで決まりました。これで、園児募集のチラシやポスターが出来ます。

チラシは印刷屋さんに頼み、ポスターは福子さんとふたりで作りました。

ののはな園は、県道から西へ少し入り込んだ田んぼの中に造成された小さな団地の一画です。県道の北の方角には、岡山市のベッドタウンである大きな県営団地があります。

あと少しで家が完成というころから、私たちは暇を見つけては、園児募集のチラシとポスターを車に積んで出かけました。県営団地から岡山市内に向かう県道を車で走りながら、道沿いのひと目につきやすい電柱にポスターを貼っていくのです。園の近くの地域には、電柱にポスターを貼るだけではありません。オシメが干してある家や三輪車を置いている家を探して、園児募集のチラシを郵便受けに入れます。

別に悪いことをしているわけでもないのに、なぜか、郵便受けにチラシを入れるときには周りを見回して、ひとが居ないことを確かめてしまいます。一方で、そんな自分を笑いながら——。

ポスターを貼り、チラシを配って歩くことは、私には、ずいぶん勇気の要ることでした。けれども、夢に向かって動いている、という確実な手応えを感じたものです。

3　実現した夢

　昭和四六（一九七一）年一二月一日、夢のように思っていた小さな保育園、「ののはな園」が始まりました。がらんとした部屋の真ん中で、煙突のついた大きな石油ストーブがひたすら温もりを放っています。

　この日の園児は三人。そのうちのひとりは、小さな保育園をつくろうと、力を合わせてきたもうひとりの保育者、福子さんの女の子です。ベッドのなかの生後五〇日ばかりの赤ちゃんは、お母さんと同じ空間でぐっすり眠っています。

　そのベッドの部屋の柵の外に二歳の男の子がふたりいて、広い部屋に置いてある室内ブランコや滑り台を行き来し、積み木や絵本を広げ、初めて来た場所を物珍しそうに動き回っています。この男の子たちと福子さんの長男は同い年です。福子さんが、産前休暇の間に友だちを訪ねて誘ったのです。福子さんの長男は、今日は彼女の実家でみてもらっています。

開園の日は福子さんの子どものほかは、園児はふたりでしたが、ひとり増え、ふたり増え、ひとり止めて、月末《つきずえ》には四人になっていました。園児募集のチラシやポスターの影響で、問い合わせや申し込みも次々あったのです。開園から一か月、新しい年を迎えました。

保育室の残りのスペースを貸し部屋にしようと考えていた計画は、予定の通りに進み、和裁の学校に通っている女の子がふたり、二階に下宿しています。保育園と壁を隔てた隣には、去年の一一月中旬から、福子さん一家の四人が引っ越して来ています。

保育園の子どもは、増えたり減ったりで五、六人です。

「私が先生、あなたが子ども、って保育園ごっこしているようだね」

「ほんと。ままごと遊びみたいだよね」

「もう少し子どもが増えるといいねぇ」

「新聞の折り込みチラシは、まだ残ってるよ。また入れようか？」

現実はともかく、私たちは希望に燃え、それなりに心楽しく忙しい日々を過ごしていました。

寒さが峠を越した三月下旬のある日のことです。子どもたちがお昼寝をしたとき、福子さんは隣の自分の家に帰ってくると言います。

「主人が風邪をひいたらしく、家で寝ているの。ちょっと様子を見てくるわ」

福子さんの旦那さんは調理師です。朝は比較的ゆっくりの出勤ですが、夜の帰りがずいぶん遅いようでした。

「大丈夫なの？　付いていなくていいの？」

「疲れているんでしょ。子どもがそばにいないほうがゆっくり休めるし。寝てれば治るわ」

福子さんはそののちも、ときどき、今日も主人が休んでいるのよ、と言っていました。風邪が長引いて体調がすぐれない日が続いていたようです。

そんなある日の朝、福子さんが少し暗い表情で漏らしました。

「主人がこの間から熱が高くて、我慢できないほど背中と胸が痛いと言って、今、病院に行ったの」

その日のお昼前ごろ、福子さんのご主人から電話がありました。なにやら話し終えて、受話器を置いた彼女は電話の前にしばらく立っていました。

それから、うつろな目で振り返って、ぽつり、と言います。

「入院、なんだって――」

福子さんは、その日から少し早めに仕事を切り上げては病院に行きました。私は福子さんが保育園のことを気にしないで少しでも長く病院に居られるようにとだけ思って、詳しいことは聞きませんでした。福子さんも、「よく分からないのよ」と言うだけです。

数日後の早朝、まだ布団の中に居るとき電話が鳴りました。

主人が亡くなった、という福子さんからの電話でした。入院してから一週間も経っていなかったと思います。急性肺炎だったそうです。

三〇歳前の福子さんは、三歳と生まれて半年ばかりのふたりの子どもを抱えて途方に暮れたようです。悲しみに沈んで実家にこもり、帰って来ませんでした。

それからのち、彼女は夢など語っている場合ではありません。収入の多い安定した仕事を探すため、五月で退職しました。


途方に暮れたのは福子さんばかりではありません。たとえ六、七人でも、お預かりすると引き受けた子は、なにがあっても朝にはやって来ます。

幸いなことに、二階に下宿していた女子学生の恵子さんが、とても子ども好きでした。彼女は以前から、学校から帰って二階の自分の部屋に上がる前には必ず保育室に立ち寄って、楽しそうに子どもたちの相手をしていました。

その彼女が、四月から学校に行くのは時折になり、部屋で縫い物をしていることが多かったのです。

その恵子さんにアルバイトを頼み、急場をしのぎました。

福子さんが辞めたあと、正規の職員をお願いするだけの金銭的な余裕はありません。福子さんたちが住んでいた部屋も大学生に貸しました。引き続き恵子さんにアルバイトをお願いする一方で、母や嫂の応援に頼りながら、知人の口伝てにひとを探しました。やっと見つかった、と思ったパートやアルバイトの方も適不適があり、長続きするとは限りません。

そんな毎日です、園児募集などもっての外でした。でも、ののはな園の存在はクチコミで少しずつ広がっているようで、園児は入ったり出たりしながらも一〇人前後は居ました。

入園を希望して訪ねて来られる方は、それぞれ事情は違いますが、ほとんどが緊急を要しています。

育児を頼んでいた祖母が病気になった。頼みにしていた祖母が家族の病気で育児できなくなった。遠方から第二子出産のため里帰りしたが、上の子どもを育児するひとがいない。離婚して子どもを引き取った父親が仕事に出られない。母親の産後休暇が終わり、仕事に復帰したい――。

事情や理由がさまざまなように、必要とする保育期間もさまざまです。「しばらく」と言われて短期間の事もあれば、「大きい保育園に入れるまで」と長い事もあります。

お預かりする子どもは、見知らぬ環境の中で賑やかに泣きます。そんな子がやっと懐《なつ》き、お互いがいい関係になったころには退園して行くのです。そんな子どもに情を移し入れ込んだ私は、気持ちの持って行き場を失い疲れだけを抱えます。そんな自分を持て余しながら、その日そのひを過ごすのがやっとでした。日曜日には潜り込んだ布団から起き出す気力もありません。「明日が来ないで欲しい」と、身体を丸めて膝を抱えて、布団を被っていました。

そんなとき、看護婦と助産婦の資格を持っている母は大きな力でした。私が困るたびに、父の赴任先の真庭郡からバスで一時間半かけて、一週間泊まりがけで応援に駆けつけてくれました。六〇歳前の母の存在は、私だけではなく、保護者にも大きな安心を与えました。「おばあちゃんの知恵」的な母の言葉には、温かい人情や真理も含まれていて、知的な若い保護者の信頼も大きかったようです。

昭和四八（一九七三）年の春、福子さんが辞めて一年ほど経ったころです。以前に勤めていた芦屋の障害児施設で同僚だったヨリ子さんが、応援に来てくれました。年度替わりで芦屋の施設を辞めた彼女は「長野に行くまでの間、居候させて」と我が家に五か月ほど滞在しました。「障害を持ったひとたちと一緒に暮らす家をつくる」という彼女の夢も実現が近いようでした。

彼女より一足早く夢を実現した私は、夢と現実の狭間で、溺れそうなときでした。彼女は、そのようすを察知して励ましに来てくれたのかもしれません。もしかすると彼女自身が、夢と現実の狭間を実体験しに来たのかもしれません。真相は分かりませんが、彼女はいつも明るく朗らかで、前向きです。

彼女と子どもたちが部屋で追いかけっこをして遊んでいたときのことです。

三歳の男の子が部屋の引き戸に手をかけて廊下に逃げようとしました。部屋から出てはいけないことになっていたので、彼女は大きな声で止めました。

「アカン、アカン。そこはアカン！」

その子はガラリと戸を開けて、「開《あ》くもーん」と笑って言います。

ヨリ子さんの関西弁は、岡山の子には通じません。

「岡山弁ではダメなことは、いけん、って言うんよ」

「そうなんかぁ、はっはっはぁ」、ふたりで大笑いしたことでした。

ヨリ子さんと一緒に仕事をしていると、笑いが絶えません。楽しく過ごしているうちに秋が来ました。彼女は希望に燃えて、夢に向かって長野に出発して行きます。彼女に深く感謝して、心からの拍手で見送りました。けれど、ヨリ子さんが居なくなった途端、心にぽっかり穴が開きました。

また、萎えかけた気持ちを抱えてパートやアルバイトを探し、母に頼る生活に戻るのです。

そんな折、同級生の明美さんから、Y学校に勤める気はないか、と誘われました。Y学校は、明美さんが勤めている社会福祉施設に隣接している障害を持った子の通う学校で、その学校の校長先生が私たちの中学校時代の恩師だったのです。

当時、明美さんの勤める施設やY学校などは、職員を集めるのに難儀していました。明美さんは、たまたま恩師の校長先生と出会い、人手不足の話になったそうです。そのとき、私が以前に、障害のある子と一緒に生活し、併設の学校に勤めていた話になったようです。それで、校長先生が私に会いたいと言われたそうです。

そういえば彼女は、一度、芦屋の施設に遊びに来たことがありました。それで、私の話が出たのでしょう。もしかすると明美さんは、私が夢と現実の狭間で沈没しかけていることを知っていたのかもしれません。

学校に出向いた私に、校長先生はおっしゃいました。

――臨時で入って試験を受ければ職員になれる。まだ三〇歳までもう少しある。今から勤めれば恩給が貰え、将来も保証される。

そう言われて持ち帰った書類に記入し、写真を貼り、保健所で健康診断も受けました。あとは、書類を持参するだけの所まで準備しました。

でも、なにがにでもすぐ飛びつく私が、今度ばかりは、なかなか書類を持って行けません。

やっと実現した夢。夢の保育園を援けてくれたひとたち。励まし応援し続けている両親。現実に疲れ果てている今の自分。保育園の子たちやその保護者。今までのさまざまな出来事や、いろんなひとたちが、浮かんでは消え、頭の中を、身体中をグルグル駆け巡るのです。

沈没しかけている小さな保育園にしがみつくのか。生活の安定や保証された将来を得たいのか。

気持ちは、時計の振り子のように行ったり来たりで止まりません。

書類持参の期限ぎりぎりに、やっと決断しました。

やはり、保育園は捨てられませんでした。

校長先生に丁寧にお断りした私は、これしかない、と腹を据えました。「困っている保護者の子どもを、困っている期間だけ保育する小さな保育園をつくる」と、開園前から覚悟していたことでした。

私が改めて初心にかえったころ、公的な保育所も、産休明けからの保育を実施し始めました。結婚し出産後も働く女性が増え、共働き所帯が増えてきたのでしょう。

知人のパートの方と母の応援を受けて、なんとか回っていたののはな園にも、少しずつ入園の申し込みが増えてきました。

翌年（昭和四九年）の秋には、園児が一五、六人ほどになり、緊急を要する場合以外は、全てお断りの状態になっていました。

そんなとき、同級生の明美さんから、また電話がありました。施設に勤めている彼女は、自分の上司と電話を替わりました。その方は施設の職員採用担当の方で、いま面接しているひとに子どもがひとりいるのだが、その子を預かってもらえるか、と聞かれます。

「申し訳ありませんが、今は人手が足らず、お預かりできかねます」

「そちらも人手不足ですか？　ちょうど僕も、これから職業安定所に求人の申し込みに行くところです。お宅の園の求人も申し込んできてあげましょう」

恐縮する私に、その方は笑って言われます。そちらの保育園に人手があれば、自分の施設も子どものいる職員が採用できる、と。そして、採用条件を手際よく聞き取ったあと、職業安定所に行って求人の手続きをしてくださいました。

以後、知人を頼りながら人手を探すという大変さはなくなりました。困ったときには応援に駆けつけてくれていた母も、これでやっと楽になる、とほっとしたことです。

が、職業安定所から紹介されたひとも、なかなか長続きしません。失業保険を貰うため仕方なく面接に来て、ちょっと勤めて辞めるひともいます。

入れ替わり立ち替わりしながら、なんとか職員が落ち着いてきたのは、半年ほど経ったころからでした。

三〇歳代の結婚している碧さん、二〇歳代で独身の和子さんと久子さん、そして時々パートで入ってもらえる良枝さん。私より若くて、明るく爽やかなひとたちが次々に決まりました。

力を貸してくださるひとを探して右往左往していた私が、やっと、その大変さから解放されたのです。開園から三年ほど経っていました。

石の上にも三年、とはよく言ったものです。

ののはな園は、周りを田んぼで囲まれた小さな団地の中にある小さな保育園です。天気さえ良ければ、周りの田んぼや休耕田に出て遊ぶことは開園以来のことでした。福子さんが辞めて立ち往生していたときでさえ、二階に下宿していた恵子さんは、二、三人の子どもを連れて園の傍らの田んぼで遊んでくれました。窓越しに見える子どもたちは、楽しそうに走ったり、草花を摘んだりしています。その姿を見て、私の心もほっこり安らいだものです。

職員が入れ替わり立ち替わりしていた期間も、可能な限り園外に出て遊んでいましたが、職員が落ち着いたこのころには、少しずつ増えていた園児が三〇人を超えるようにもなっていました。

子どもたちが周辺の自然の中へ出かけて行って遊ぶことが多くなり、行動範囲も広がり始めました。

広びろとして解放感いっぱいの田んぼ道には、季節きせつの野の草花が咲き、小さな生き物もいて、子どもらを楽しませてくれます。田んぼの少し向こうには、大好きな電車も走っています。

入園したばかりで心の落ち着かない子も、散歩に出ると気分転換でき、あちらこちらに目を向けて、部屋の中とはずいぶん違った表情を見せます。

このころ、田んぼ道への散歩のほかにも、子どもたちがお出かけ気分で出かける場所がありました。ののはな園の目と鼻の先の分譲地の一画に、父が定年後に隠居を建てる予定で購入していた土地です。

その土地の端っこの三角形の場所に砂場をつくり、砂場のそばに四畳半のプレハブを置かせてもらっていたのです。そこを「さんかく砂場」と呼んで、みんなで出かけて行っては、砂遊びをしたり、三輪車や乗り車を漕いで遊んだりして、プレハブでひと休みしていたのです。

定年退職した父が母と一緒に帰って来て隠居に住み始めたのちにも、プレハブは保育園の離れのような感じで、子どもたちが時どき遊びに行きました。また、ここはお祭りごっこの会場になったり、田んぼ道を走るマラソンのスタートとゴールの場所になったりもしました。

マラソンは、朝が冷たく感じ始める一一月から、田んぼ道を走るのです。寒くなっていく季節に身体が順応して、元気で過ごせるといいな、と思って始めたもので、二、三歳以上の子は体調さえ良ければみんな参加します。とはいえ、小さい子はスタート地点から、みんなの後について、走っている気持ちでトコトコと歩いて行くだけなのですが。

先頭を走る保母さんが、ピッピッと笛を吹くと、あとについて走っている子たちがファイト、と続きます。朝の清々しい田んぼ道を、ピッピッ、ファイト、ピッピッ、ファイトと堤防の下にあるお地蔵様まで走って行き、そこから引き返すのです。走っているつもりの小さい子たちは、田んぼ道の半分にも行かないうちに、先頭が引き返してきます。

ときには、みんないっせいにヨーイドンで走ることもあります。大きい子たちは、ここぞとばかりに先を競って全力で走ります。

こんなマラソンの最後日が、三月のマラソン大会です。この日には、歩いて参加の子も、それなりに走る子も、競争しながら力一杯走る子も、みんな鉢巻をして走ります。

子どもたちは家に帰って、毎朝のマラソンのことや、マラソン大会のことなどをいろいろ話すのでしょう。もしかすると、寒くて嫌だとでも言っていたのかもしれません。そんなことは分かりませんが、それなりに走っている三歳の男の子がマラソン大会の日に、お母さん手づくりのゼッケンをセーターに縫い付けてもらって登園してきました。我が子を励ます母親の思いと同時に、園の保育や行事への応援のようにも感じて感動したものです。

このとき以降、マラソン大会には、毎年、前日にゼッケンを渡して、保護者に当日着る服へ縫い付けてもらうようにお願いし始めました。

隠居に帰って来た父と母は、庭のプレハブに子どもたちがやって来ると、自分たちがなにをしていても笑顔で迎えてくれます。もちろん、朝のマラソンのときには、みんながスタートしてから帰ってくるまで庭に出ていて、さり気なくみんなを見守っています。父はニコニコ眺めていますが、母は子どもらに声を掛けながら、手をたたいて応援します。そんな私の両親のことを、子どもたちは、「お砂場のおじいちゃん、おばあちゃん」と親しみを込めて呼んでいました。

お砂場のおじいちゃん、おばあちゃんは、日になんども園を覗きにも来てくれます。父は、子どもたちが園外に出て行くときは喜んでついてきてくれ、ときには母も一緒に行きますが、大概は留守番の保母さんと一緒に小さい子たちを見てくれます。私は、園に残している子のことを気にしたり、心配したりすることなく、園外で遊んで来られるようになりました。

子どもたちが出かけるのは、園の周りの田んぼ道や休耕田だけではありません。近くの山や川、少し遠くの公園までを保育園のお庭のようにして、トコトコ歩き回り、行った場所でたっぷり遊んで帰ってくることが日課のようになったのです。

私は子どものころを真庭郡の田舎で過ごし、毎日、野山で遊んでいました。その懐かしい日の楽しかった遊びが、子どもらと一緒に味わえるようになりました。自然の中で四季を身体で味わい楽しむ、そんな夢が叶ったのです。

一方で私自身も、開園してから三年ほどの間は、子どもたちが登園してから降園するまでは園を離れられませんでした。風邪をひいても、保育を終えてから夜間遅くまで開いている病院に駆け込む、という状態です。もちろん、研修会などは日曜日にしか出席できません。

職員が揃ってからは、保育園を碧さんたちに任せて保育の研修会や講習会に参加したり、認可外保育園の園長会に出席したりして他の園との交流もできるようになりました。当時は、認可外保育園に対する公的な助成などなかった時代でしたから、認可外保育園の園長さんたちと、なんども市役所へ行き、助成の陳情もしました。

でも、順風満帆、と思える状態は長くは続きません。三年ほど経ったころ、若い和子さんが結婚して、勤務時間を少し短縮しました。しばらくすると、久子さんも結婚が決まり、結婚後は岡山を離れるとのことです。

また、職業安定所に行って求人申し込みをしなければ、と思っていたとき、認可外保育園の会合で親しくなった園長さんから、短大保育科の就職担当の先生を紹介していただきました。

この時以降、短大保育科の卒業生を採用していくこととなります。昭和五四（一九七九）年、開園八年目の春からでした。

4　充実の日々に浸って

昭和五四（一九七九）年、開園八年目の春から、短大保育科の卒業生に若い力を貸していただくことになりました。

短大の就職担当の先生と一緒に面接に来たのは、子どもが好きで保育の仕事に憧れているという意欲的な学生、美代子さんでした。

勤め始めた彼女は、私たちの知らない手遊びで子どもたちを楽しませたり、ピアノを弾きながら楽しそうにうたったり踊ったり、学校で学んできた保育を張り切って実践します。園外に出ても、子どもと一緒に野山を歩き、走りまわり、存分に若さを発揮しています。勤続五年でベテラン保母の碧さんは、行き届いた気配りで若い保母さんの先頭に立って、効率よく力を貸してくれます。自然の中での遊びは一段と幅広くなり、その時そのとき、思いつく限りのことをして遊びました。

このころ、子どもよりも私が一番楽しんでいたようにも思えます。そんな遊びの一齣ひとこまが、次々に浮かんできます。

野の花があたり一面を春色に染めた中を歩き、休耕田に座り込むと、子どもたちの間では、ままごと遊びが始まります。

「お父さん、ちょっと、お野菜を買ってきて」

「はーい、分かった。車で行ってくるね。カチッ、ブー」

お父さん役の子が摘んできた草花で馳走を作り、楽しそうに食卓を囲む子らを眺めながら、ゆっくり流れる時間の幸せを噛み締めたものです。

子どもたちは散歩のたびに、ギシギシやオオバコ、クローバーなどを持ち帰り、「お土産よ」と兎のクロにあげます。そんな子たちが、クロも散歩に連れて行こうと言いだしました。その思いつきに乗って、籠にクロを入れて原っぱに行きました。喜んで新鮮な草を食べるだろうと思って籠から出した瞬間、クロは広い草原《くさはら》を跳ぶように走って行き、捕まえられません。みんなで兎を追いかけおいかけ、帰るに帰られず困った事もありました。

田んぼ道を散歩していると、牛蛙や亀をよく見かけます。網など持たずに、ぶらぶら散歩していて大きな牛蛙に行き合ったときのことです。

「わっ、かえる！　大きい、かえるじゃぁ！　大きいでぇー」

「はよ、はよぉ。誰かぁー、つかまえてぇー」

子どもらは大騒ぎです。咄嗟に、被っていた麦わら帽子を投げたところ、その麦わら帽子が牛蛙の上に被さったのです。牛蛙は驚いたのでしょう。高く跳びあがりました。その拍子に、帽子の中に牛蛙がすっぽりと入り込んだようです。使い古した私の大きな麦わら帽子が、緑の草原の上をふわりふわりと跳んで行きます。「わぁ」、「わぁ」と大騒ぎしながら帽子を追いかけたことは、思い出すたびに笑えます。

三野の山には、なんども登りました。獣道のような、道なき道を進む探検隊ごっこは、子どもらのお気に入りです。拾った木の枝の先に大きなハンカチを括りつけ、それを掲げて先頭を歩くのが隊長。みんなは、ハンカチの後から草を掻き分けて登るのです。山道で採って食べたイタドリは、渇いた喉を潤してくれ、忘れられない味になったようです。そのころの子は、今でもイタドリに塩をつけて食べた事を話題にします。

夏は水遊びです。お庭のプールだけでは飽き足らない大きい子らと、筏《いかだ》を作って用水路で乗ろう、ということになりました。筏といっても、一メートルほどの長さの木切れを七、八本、紐で編むようにして繋いだものです。

「これが出来たら、誰が一番に乗る?」

「順番を決めるのは、そりゃぁー、鬼決めじゃぁ」

「なぁなぁ。ヨットみたいな旗も作ろうよ」

「旗は後あと。用水へ持っていって、早う乗ろうよー」

「ロビンソンクルーソーみたいじゃなぁ」

出来上がった筏をみんなで用水路まで運びました。用水路の水は流れ出したばかりで気持ちよさそうです。子どもたちは代わるがわる筏に乗りました。

でも、「筏に乗って、用水路を流れる」という夢は、誰ひとり、叶いません。子どもが乗ると、水を吸った木の筏は沈んでしまうのです。

「どうして沈むんかなぁ。木は浮くはずなのに」と子どもたちの嘆くこと。ときには、大きな旭川まで出かけて行ったこともあります。

当時の旭川は、今のような河岸工事がされておらず、川岸は砂の浅瀬です。その浅瀬にみんなで石を運んできて囲いを作り、小さな露天風呂のようなプールをつくりました。足首ほどの浅いプールですが、その中に座り込んだり、腹這いになったり、子どもたちは満足気でした。

保育園のお庭でも、後先考えることなく思いついたことは、なんでもしたような気がします。

砂場で山やトンネルや川を作ったときのことです。ホースを引っぱって来て、砂場に作った川に水を流しているうちに、砂場が水浸しになり、砂場から溢れた水が庭に流れ出し、あたりが水浸しになったことがありました。

その中で泥んこ遊び始まり、泥だらけの子が滑り台をすべり、遊具に掴まり、あちらこちらがドロドロになってしまいました。

ホースで水を流して滑り台を洗っているとき、そこにやって来た子が、ウォータ－シュートのように水飛沫を飛ばして水浸しの砂場に滑り降りました。それを見た子らが次々と滑り台に上り、滑り下りて「キャア、キャア」と歓声をあげて大喜び。その後始末の大変だったこと。


若い保母さんの力と、ベテランの保母さんの落ち着いた配慮、その上に、園の近くには両親が住んでいるということのころは、開園当時の切迫した状況を忘れてしまうほど心に余裕がありました。子どもたちと心置きなく園外へ出て行って遊べるのはもちろんですが、私の保育園外で活動をも幅広くさせてもらいました。

折々の保育研修会や、認可外保育園の連絡会、助成陳情の運動などに園のことを心配せず出席できます。そんな会合では、さまざまな認可外保育園の園長さんに出会え、それぞれの園の保育の内容も聞けます。

英語遊びを取り入れている園の園長、仲子さんからは、長く外国で暮らして居られたという英語の講師を紹介されました。もの静かな立ち居振る舞いの上品な、独特の雰囲気を醸す六〇歳過ぎの女性でした。その方に、ののはな園にも来ていただくことになりました。

英語が苦手な私は、小さなころから英語を耳にして遊んでいると英語に対する抵抗感が少なくなるのでは、と単純に思ったのです。

そののちも、岡大留学生のニュージーランドの若者や、留学した旦那さんについて来て岡山に住んでいるアフリカの女性など、英語で遊んでもらえる外国のひとは続きました。

ガーナの女性、コンスタンツさんは、一歳の男の子と一緒でした。保育園の子どもたちは、肌の色が黒いひとに会ったことがありません。ましてや、赤ちゃんなんて、珍しくて仕方がありません。興味津々に手や足に触れては、かわいいと言い、手をつないで歩いたり、「イナイイナイバァ」で遊んであげたりしていました。

なん年かして、コンスタンツさんはガーナに帰られ、アフリカからなんども手紙をくださいました。でも、私はコンスタンツさんの顔を見ながら、身振り手振りに単語を交えて、なんとか意思疎通ができていただけなのです。残念ながら、手紙は読めません。英語の達者なひとに訳してもらい、私の書いた返事を英語にしてもらって、文通もなんどかしました。

また、認可外保育園の会合で、社会福祉協議会の方から情報を得て、社会福祉主事の通信教育や、調理師講習会にも挑戦しました。

調理師講習会を受けに行ったときのことです。

認可外保育園の会合で顔見知りだった企業内保育所、M保育園の園長、幸子さんと出会ったのです。講習のあと、調理師試験に向けて一緒に勉強をしているとき、運動会を合同でしませんか、と誘っていただきました。

そのころ、ののはな園の子らは、園の傍らの空き地でかけっこや乗り物競争などで運動会ごっこをしていたのです。喜んで誘いに乗りました。

M保育園の運動会は、会社の敷地で催されていました。万国旗を張るのも、コートを引くのも、会社の従業員さんがされるということで、準備もなにも手伝わず、お客さんのように参加しました。次の年から、運動会の会場が会社の近くの岡山市の公園に変わりました。端から端までは見通せないほどの広いひろい公園です。ののはな園の子は保護者と一緒に、その公園に集合して、M保育園の親子と一緒に、大きなコートの中でリレーや玉入れ、仮装競争などなどなど、趣向を凝らした競技に参加させていただきました。

子どもたちが、さまざまな競技を体験できると思って寄せてもらった合同運動会でしたが、保護者の方にとっては、さぞかし大変だったことでしょう。遠い所へ行って、知らない園の親子との運動会です。それでも、保護者のみなさんは、楽しそうに協力してくださいました。

このころ、企業内保育所や病院内保育所などに電話しては、認可外保育園の会合に誘った記憶があります。女性の社会進出が進んで、保育所が次々増えたものと思います。一方で、保護者や保育者の保育環境の充実を要求する運動も活発になり、岡山でも、このころ認可保育園が次々増えました。

昭和五五（一九八〇）年の春には、ののはな園の近くにも認可の保育園が開園しました。当初は影響もなく、三〇人を超す園児が在籍していたのですが、少しずつすこしずつ園児が減り、二年後の昭和五七年の年度初めには、二〇人を割り込む園児数になりました。

職員を探すことに心を砕いていたのが嘘のように職員が充足してほっとしていたら、今度は園児が減ったのです。

子どもたちに対しての保育者は充分です。少し余裕ができたので、岡山大学幼児教育学科の山口茂嘉先生の研究室をお訪ねしました。

山口先生は、毎日自然の中へ出かけて遊んでいる、ののはな園の保育をとても気に入ってくださり、興味深く見学に見えたことがあったのです。

その折、奥さんが結婚前に幼稚園に勤めておられた話や自宅用の土地を購入していることなどを、気さくに話されました。もしかすると先生も、ご自身の保育園をつくりたい、と思われていたのかもしれません。

そんな先生に、少し時間の余裕が出来たので、幼児教育の勉強をさせて欲しい、とお願いしました。先生は、学生が現場にいるひとと一緒に学ぶことは、学生にとって有意義なことだ、と言われて、ご自分の講義に快く受け入れてくださいました。そして、園の子どものお昼寝の時間にあたる午後からの講義を、週に二、三コマ選んでくださいました。

聴講に通い始めたのが昭和五七（一九八二）年春、それから八年もの間、山口先生の講義や演習に参加させていただくことになります。

講義の前にはいつも先生の研究室に寄っていました。研究室の壁には、先生のお子さんの写真と並べて、『仕事が好きなら人生極楽、義務なら地獄』の、ゴーリキの言葉が掛けてあります。

この額に入った言葉を眺めながら、私は、今まさに、極楽の人生を謳歌していると思ったものです。

先生も、「僕の仕事が誰かのお役に立つのなら、なによりの喜びでなによりの楽しみ。だから僕の人生はいつも極楽」と、よく言われていました。

細身で背の高い先生は、ピシッと背筋を伸ばして教室までの廊下を颯爽と歩いて行かれます。途中で留学生とすれ違うと、「はーぁい！　元気？」と、片手を上げて明るく声をかけながら。

教室の大学生や院生は、幼児教育という自分の将来に大きな期待を抱いています。そんな若い学生たちの情熱を感じながら聴く講義は、新鮮で大きな刺激でした。

発達心理や言葉の発達などの講義では、先生の六人のお子さんや奥さんがよく登場しました。自分の子どもを見ていると発達段階がよく分かる。たくさんの子どもを生んでくれた奥さんに感謝する。そんな話をユーモアたっぷりに話されながら、お子さんの事例を織り交ぜた講義をされました。

昭和六〇（一九八五）年ころだったと思います。箱庭療法の演習の前に、保育園の五歳の子ら四人と一緒に大学に行き、研究室の箱庭で遊ばせてもらいました。子どもたちは、物珍しく楽しそうに遊んで帰りましたが、子どもが残して帰ったその作品が、学生にとって得難い教材になったそうです。

学生たちもたびたび園に来て、子どもたちと一緒に遊んでいました。ののはな園には、零歳から五歳までの子どもが五、六人ずつ居て、卒業論文や修士論文で、年齢を追って事例を研究するのに、ちょうどよかったのだと思います。

山口先生は、学生にいつも言われていました。

「幼児教育は机の上の勉強だけではだめだ。先ず子どもと触れ合いなさい。子どもと仲良くならないと、子どもは本当の姿を見せてはくれない」

先生ご自身も、ののはな園の運動会や発表会などの行事のときには、さりげなく見に来られていたようで、後日、お会いしたとき感想を話されていました。また、仕事の帰りに「今日は早く帰れたので」と、立ち寄られることもあります。寄ってくる子の真ん中に、でん、と胡坐をかいて座り、ひとりの子を膝に抱き、にこにこしながら言われていました。

「おじちゃんのこと、知っとる？　ここの保育園の名誉園長なんよ。おじちゃん家にも、たくさん子どもがいるんよぉ」

聴講に通いだしてしばらく経ったころのことです。先生が静岡の保育園を見学に行かれるというとき、私も誘っていただきました。ののはな園にとっても、なにかの参考になると思われたのでしょう。先生ご夫妻とふたりのお子さん、それに院生がひとり。六人での一泊の見学旅行でした。

見学した保育園の園長は山口先生のお友だちで、「子どもは自然の中で育てられる」という自由保育を実践している園です。

この園の園舎は、それ自体がまるで大きな遊具でした。保育室をつなぐ廊下は天井の低い迷路のようで、園舎の真ん中にある階段は隠れ家のような中二階に繋がっていて、そこから下の保育室が見下ろせます。園庭は広大で、丘があり、川が流れ、花木や草花が生い茂り、自然そのものでした。

子どもらは、この広いひろい園の中の好きなところで自由に遊びながら育っていく、という考えのように思えました。保育室や廊下などの壁には、わらべうたの歌詞を書いた紙がたくさん貼ってあります。この保育園では、きっと、わらべうたが音楽なのでしょう。

私が保育の中でのわらべうたの意味を聞いたのは、ののはな園を始めて、福子さんが辞めて少し経ったころです。保育雑誌かなにかに『岡山で、コダーイ芸術教育研究所、羽仁協子さんの乳児保育研修会』の情報が載っていたのです。

そのころは乳児を預かる保育園が少なかった時代です。まして、「乳児保育の研修会」などは、ほとんどありません。研修会が日曜日のこともあって、飛びついて参加しました。

研修会では、「音楽教育の最初にわらべうたを。ぬくもりのあるひとの声で、心地良いことばや音、リズムを伝える。その声を聞くことで乳児の心と身体の発達が促される」といった話がありました。そのあと、実践がありました。乳児役の受講者に、保育者がわらべうたで語りかける、という実践です。

わらべ歌といえば、子どものころに「はないちもんめ」などで遊んだことしか思い浮かびません。なのに、わらべうたをうたって乳児に語りかけるなどという実践は気恥ずかしくて、とてもできません。

　そんなこともあって、以後、そこで聞いたわらべうたに取り組むでもなく、忘れるでもなく流れ去っていたのです。

　帰りの新幹線の中で、そんなことを山口先生に話しました。横の座席に居られた奥さんが、「うちの家の隣のたかぎさんが、わらべうたを教えておられるよ。紹介しようか？」と言われます。

　当時、山口先生のお住居は大学の官舎でした。その官舎の隣の方が、コダーイ芸術教育研究所に関わっていて、近所の子にわらべうたを教えておられる、というのです。

　静岡から帰って、たかぎとしこ先生のお宅を訪ねました。そのあと、しばらくのあいだ、わらべうたの勉強に通いました。でも、わらべうたを乳幼児の音楽として取り入れるなど高度で、私には難し過ぎました。

　結局、たかぎ先生に音楽講師として来ていただくことになり、以後、ののはな園の音楽は、わらべうたになりました。

週に一度来てくださるたかぎ先生は、担任がそれぞれの子どもたちとわらべうたで遊んでいるようすを見て回られ、そのあと、たかぎ先生がそれぞれの年齢の子どもらと楽しそうに遊ばれます。たかぎ先生は、子どもと遊んでいる中で、正確なリズムや音程が身につくよう配慮されているようでした。ひととおり、それぞれの年齢の子たちと遊んだあと、担任ひとりずつに、先生が気づいたことを指導されます。

先生は、わらべうたで遊びながら鋭い感性で子どもの情的な成長や変化、私や職員の心の在り方までを観察しておられ、私たちの保育の姿勢についても、客観的な視点で的確な助言をされました。そんなことでたかぎ先生は、保育園にとっても、私にとって大きな存在となりました。

山口先生は、大学のほかにも様々な研究会や講習会で幅広く活躍されていました。先生が名を連ねて居られて、休日や夜間に行なわれるものには、時おり私も誘っていただきました。好奇心いっぱいの私には、知らないことを見聞きして、考える絶好の機会です。可能な限り参加しました。

あちらこちらの会で、いろいろなことを見聞きし、それを即、保育に生かし、もう、私は楽しくて仕方ありません。

まさに、私は極楽の極地に居たのではないでしょうか。この期間に、子どもの理解や見方、子育ての中で大事にしていくことなどなどを確認し、ののはな園の保育の裏付けや自信を得ていたのだろうと思います。

5　保育園が少し広がって

新聞の折り込みチラシで見つけた岡山市の北のはずれの造成地。私が見学に行った折には、田んぼの中の小さな造成地には一〇戸足らずの家がポツポツ建っていただけでした。

その造成地の一区画に小さな保育園を建て始めたとき、ほぼ同時に隣の区画にも家が建ちだし、ここは製本会社になりました。ときを置かず、ほかの区画にも次々と家が建っていき、売り出していた造成地は完売です。すると、さらに造成地の周りの田んぼが埋め立てられて売り出され、またそこに家が建っていきます。

一〇年ほど経ったころには、田んぼの中の小さな造成地は五、六〇戸ばかりの団地になり、子どもの声が賑やかに響くののはな園と、ガシャーン、コトコト、ガシャーンと機械の音をたてている製本会社は、周りを田んぼに囲まれた住宅団地の中の一角になっていました。

このころ、ののはな園は開園以来続いていた貸し部屋生活を終えて、建物の一階をすべて保育室に改修して、保育室は開園時の倍ほどの広さになっていました。

お預かりする園児も、開園した時には産休明けから三歳までの乳幼児でしたが、「もう一年」との保護者の要望に応えて四歳までになり、「ぜひ就学まで」という申し出を受けて、五歳の女児、裕ちゃんと圭ちゃんのふたりが在籍していました。そんなこともあり、園児は三〇人を超し、緊急を要する場合以外は、入園の申し込みはお断りする状態です。

そんな昭和五九(一九八四)年の夏の初め、お隣の製本会社の主人が来て言われます。

「工場が手狭になったので、製本団地へ引っ越しすることになった。お宅とは地続きなので、一番に声をかけるのだが、購入する気はないかな？」

隣の製本会社は、私の土地と接した一辺以外は道路に面した角地です。そのうえ、建物の一階部分は、製本機械を置いているコンクリートの土間と、手作業をする板場がほとんどを占めています。すぐにでも保育室として使える、願ってもない建物です。でも、先立つものがありません。

話を聞いた両親や叔母は、「昔から、地続きの家は借金してでも買え、といわれている」と購入を勧めます。

両親や叔母の後押しもあり、生まれて初めて銀行から借り入れをすることになったのです。開園から一三年後のことです。

お隣の製本会社は、秋口には引っ越して行かれました。それを待ちかねて、園児の浩くんのお父さんに、境界のブロック塀を取り除いて隣の家と渡り廊下で繋いでもらいました。

家が建設業の浩くんは、四歳前に入園してきました。言葉はまことに達者で、身の回りのことも大体自分で出来ました。けれど、歩行が困難だったのです。そのため家の近くの保育園に受け入れてもらえず、ののはな園で午前中を過ごして、午後からは病院で訓練を受けていました。

ののはな園の子らは、浩くんが四つ這いで移動していても、歩行器や杖の補助具を使うようになっても、ごく普通に、なんら違和感なく一緒に遊び、お散歩にも一緒に行くことが当然でした。浩くんが頑張ってひとりで乗り込むバギーを、ひとつ年上の裕ちゃん、圭ちゃんが当たり前のように押してあげるのです。少し遠くまで行くときには、お母さんがついて行かれました。

一年後、ののはな園を卒園した浩くんは、地域の小学校に入学して、友だちに車椅子を押してもらって通学したということです。


保育園と繋がった隣の家は、製本機械が置いてあった場所はコンクリートの土間です。そこに、出入りの教材屋さんにタイルカーペットを敷き詰めてもらうと、見違えるほど立派なホールになりました。土間より三〇センチばかり高い、手作業をしていた板場はそのままで保育室として使えます。

隣家の引っ越しという思いもかけない出来事で敷地は一五〇坪になり、保育室が増え、待望のホールが出来たのです。

この、できたばかりのホールで、ののはな園で初めての卒園式を行ないました。裕ちゃんと圭ちゃんふたりの卒園式です。

ホールの床より一段高い板場の壁ぎわに暗幕を張り、そこに桜の花弁の切り紙と「そつえんおめでとう」の文字を飾りつけてステージが完成です。

卒園式には、裕ちゃん、圭ちゃんのお母さんや叔母さん、たかぎ先生や英語の講師、私の両親はじめ保育園の職員。それに、ふたりと一緒に過ごした小さい子まで、ののはな園のみんなが出席してお祝いしました。

例年、ののはな園では、三月になると退園の申し出がポロポロあります。四、五歳になって大きな保育園に転園する、幼稚園に通わせる、希望していた保育園が受け入れてくれる、理由はさまざまです。

「よかったですね」と言いながらも、なんとも複雑な気持ちです。三月の終わりの日に、親子で「ありがとうございました」と挨拶して帰る姿を、とても平常心では見送れません。一緒に過ごしながら情を移してきた心が溢れてしまうのです。そんな子たちに、私のせめてもの気持ちとして、責任として、その子の成長のようすや姿を記して贈っていました。「あしあと」です。

もちろん、ののはな園から初めて小学校へ入学していくふたりの成長の記録、「あしあと」も作りました。赤ちゃんだったころから、笑ったり泣いたり、怒ったりしながら小さな保育園で成長してきたのです。その、一日いちにち、一年いちねんを思い浮かべては胸を熱くし、涙をこぼして書きました。

そんなことを知る由もなく、小さな赤ちゃんのときから一緒に育ってきたふたりは、それぞれ別の地域の、異なる小学校に向けて期待いっぱいに巣立っていきました。

ののはな園では、零歳児は赤《あか》組さん、一歳児は桃《もも》組さん、二歳児は黄緑《きみどり》さん、三歳児は藤《ふじ》組さん、四歳児は白《しろ》組さんと呼んでいました。藤組さんになると、自分の身の回りのことは大体自分で出来るようになります。白組さんにもなると小さな子に手を貸してあげたりなどの、ちょっとしたお世話や気配りもできだします。毎日のように出かけるお散歩では、お兄ちゃんお姉ちゃんらしく、小さい子の手を繋いで庇いながら歩く姿も見せだします。

就学までの保育をするようになってからは、四歳児を小白《ちいしろ》さん、五歳児を大白《だいしろ》さんと呼ぶようになりました。大白さんの子たちは、ほとんどの子が乳児のころに入園して五年も六年もの間、ののはな園で過ごしています。なので、もう、園での生活は、なにからなにまで知っています。小さい子のお世話や私たちのお手伝い、園で飼っている小鳥や兎の世話までなんでもでき、ののはな園の頼りになるリーダーに成長しています。

隣家の引っ越しで、ののはな園は少し広くなりましたが、子どもたちが周辺の自然の中に出かけて遊ぶことは開園以来少しも変わりません。それでも、四歳、五歳の子どもを保育するようになって、毎年の行事が少しずつ変わってきて、さまざまな行事も加わってきました。

そんな行事のひとつは、夏のお泊り保育です。自分で身の回りのことができだした三歳以上の子が参加です。みんなでお風呂に入って、夜も友だちと一緒に過ごせる、と子どもたちが楽しみにしている行事です。私たち職員は、夜の過ごし方について毎年、工夫を凝らします。影絵や肝試し、相撲大会などなどなど。が、なんといっても、一番の目玉はお砂場のおじいちゃんが上げてくれる花火です。

年によっては、近くの店まで散歩がてら歩いて行き、食材を買って来てみんなで夕食を作って食べたこともありました。バスに乗って、お出かけしたこともあります。

「ちびっこ夏祭り」が催されていた年には運動公園まで行き、お泊り保育が二三日だった年には日限のお地蔵さんへも行きました。

夏の日限のお地蔵さんは、夜店で賑わいます。そんなところに出かけて行って迷子にでもなったら大変と、父も母も一緒に行ってくれました。が、日暮れ前の早い時間に着いたこともあって、まだ、ひとは少なく、道の両端にずらりと並んだ店はのんびりした雰囲気でした。

子どもたちは金魚に見惚れたり、玩具屋さんの前で立ち止まったり、なにやかにや興味を引く物がいっぱいで、なかなか動けません。ゆっくりゆっくり、みんなで夜店の間を歩いて帰ってきました。

園に帰ってからの子どもたちは、眠りに就くまで夜店の話で盛り上がっています。子どもらの話を聞きながら、ののはな園でも、日限のお地蔵さんのような夏祭りができたらいいなあ、と思ったことです。


秋になって稲穂が垂れ、バッタが飛び交うころ、ののはな園の子たちは毎年、秋の日を浴びながらお祭りごっこをしていました。

神輿は、不要になった間仕切り用の柵の上に、色紙で飾ったダンボール箱を括りつけたものです。その神輿を大きい子たちが交代で担ぎ、残った子らがでんでん太鼓や鉦を叩いて、わっしょいカンカン、わっしょいドンドンと、田んぼ道や団地の中を練り歩くのです。小さい子は、神輿につけてある紅白の長い引き綱を持って歩きながら、太鼓や鉦に合わせて、わっしょい、わっしょいと掛け声をかけます。そのあとから、大型の乳母車に乗せて貰った赤ちゃん組が続きます。

出会う人の少ない田んぼ道はともかく、団地のひとは家で静かに過ごしておられます。そこへ、賑やかな声と鉦太鼓が聞こえてくると、なにごとかと出て来られます。それが保育園の子どもの神輿練りだと分かると、にこにこしながら一緒になって、わっしょい、わっしょいと囃してくださったものです。

そんなお祭りごっこで、隠居の庭隅のプレハブは神輿が帰って来る終着点で、母がお茶を用意して待っていてくれる御旅所でした。

お祭りごっこの日、遅れて子どもを送って来られたお母さんが、私も寄せて、と子どもと一緒に神輿練りについて歩かれました。

そのお母さんが、御旅所でひと休みしたとき話されたのです。

「ここで金魚すくいやヨーヨー釣り、飲み物、不用品を持ち寄ったバザーなどをすると、お祭りの雰囲気が盛り上がりますよねぇ」

お知恵をいただいた次の年。お祭りごっこを土曜日の午後二時からとして、保護者の方たちのお力を借りてプレハブにバザーコーナーを作りました。

神輿練りから帰って来た子どもたちは、お庭の金魚すくいやヨーヨー釣り、喫茶コーナーなどで楽しそうに盛り上がっています。

「譲り合える程度の不用品」ということで保護者から提供していただいたバザーの品は、こんなにたくさん売れるのかしら、と思うばかりに陳列してあります。その品を、保護者間でお互いに買い合ったり、近所のひとが次々やって来られて買ってくださったりして、狭い隠居の庭はたくさんのひとで賑わいました。

保育園が少し広くなる前は、そんなお祭りごっこだったのです。

けれども、隣家が引っ越したあと保育園は少し広がっているのです。両親が隠居の庭を快く開放してくれるからといって、いつまでも借り続けるわけにもいきません。

それで、次の年からは保育園で催すことになり、日時は、学校が夏休みの八月最後の土曜日、夕方の五時過ぎから、としました。

「お祭りごっこ」から、「ののはな園・夏祭り」になったのです。

とはいえ、保育園の庭は以前とあまり変わりはありません。建物の周りをぐるりと取り巻いた空間が二軒分になったのと、駐車場ができただけです。それでも隣家との境界ブロックを取り除いたので、門から庭までの細長い通路が倍の広さになっています。その庭を眺めているとき、以前、お泊り保育で行った日限のお地蔵さんの夜店が浮かんできました。

この細長い通路の両側にいろいろな店を並べると、日限のお地蔵さんの夜店のようになる。お店屋さんごっこのような夏祭りができる、と思ったのです。

大白さんを中心に子どもたちがグループを作って、お客さんや店番を代わり番こでして、お店屋さんごっこのような夏祭りをしよう！

園にあるおもちゃの輪投げやボウリングを並べて、ゲーム屋さん。家で眠っているおもちゃや本を提供してもらって、おもちゃ屋さん。食べ物屋さんは、保育園の子どもがいつも食べているカレーを用意しよう。それから、お世話になっている園のすぐそばの三笠屋さんの工場でローマンを買ってきて並べよう。夏祭りには欠かせない金魚とヨーヨーは買ってきて――。いろいろ考えを巡らしました。

でも、いくら代わり番こといっても、子どもらと私たち職員だけでは、無理があります。保護者の応援なくしては出来ません。それで、子どもと一緒に、その子のお母さんにも店番をしてもらおう、となったのです。

そんなこんなの思いを「園だより」に書いて、協力のお願いしました。保護者からは、綿菓子やかき氷の店をしてはどうか。お好み焼きや焼きそば、フランクフルトなど、子どもの好きな食べ物の店も。夕食になるような食べ物を。頂き物のジュースがあるので使って欲しい。――

知恵を絞った案がたくさん出ました。そして、声をかけてくだされば、準備のお手伝いをします、とも書いてあります。

そうこうしているうちに夏祭りの日になりました。細長い通路と園の周りには、前日から提灯をたくさん吊って、お祭りの雰囲気を出しています。

子どもたちの神輿練りから始まったお祭り当日、私たち職員の出し物のわらべうたや寸劇が終わると、模擬店がオープンです。

卒園した子や、その子が連れて来てくれた友だち、近所の子など、子どもも大勢です。金魚すくいやヨーヨー釣り、ゲーム屋さん、おもちゃ屋さんなどは大賑わいです。その子らは、模擬店で買った食べ物を手に、庭の幼児用の小さな滑り台や雲梯などの遊具の上に座って、楽しそうに語らいながら食べています。なんとも、ほほえましく眺めたものです。

来てくださる近所の方は、ホールに並べてある保護者の方が提供してくださる手づくり品や不用品が目当てのようでした。それでも、来たついでに、とホールや保育室、庭のベンチなどに座ってカレーや焼きそばなどを食べておられます。夕食用にと、持ち帰るひともいます。

食べ物コーナーは、一時間半ほどで完売です。お祭り終了の合図は、宜くんのお父さんが田んぼの傍らで打ち上げてくださった花火でした。

このときから、ののはな園の行事のひとつとなった夏祭りは、たくさんの保護者のみなさんからお力を貸していただきながら、一年いちねん充実して行きます。

夏祭りを終えたあと、保護者のみなさんにご協力のお礼と収益報告をします。そのとき、今後の参考にと、アンケートでご意見を聞きました。その中に、せっかくなので、園から少し離れた遠くのひとにも知ってもらえるよう案内したらどうか、との助言もあります。

なるほどと、次の年からは、子どもたちが絵を描いた画用紙に、日時や催し物、模擬店などを記したポスターをつくって、夏祭り前の散歩のときに貼って歩きました。ののはな園を始める前、園児募集のポスターを貼って歩いたことを思い出しながら――。

「ポスターを貼らせてください」と子どもと一緒にお願いすると、お店のひとたちは、「お祭りかな？　どうぞ。お客さんにも宣伝しとくわ」と、やさしい言葉がもらえます。子どもの力って凄いな、と思ったものです。

また、ポスターを見た方が、「よかったら、これをバザーに使ってください」と品物を持参してくださったり、当日は準備中のころから門の外に並んで待っておられたり、近隣のひとたちも楽しみにしてくださるようになりました。

因みに私の父は、夏祭りではヨーヨー屋さんの子を応援していました。ヨーヨー釣りは、お祭りが始まる前にヨーヨーを膨らませて盥《たらい》に浮かべておきます。その準備の風船を膨らませたり、ゴム紐で縛ったりを手伝っているうちに要領よくできだし、楽しくなったのでしょう。もしかすると、ヨーヨー屋になった子に頼られていたのかもしれません。

一方の母は、職員が定着してからは、みんなが気を遣うからと、保育園に顔を出すことは少なくなっています。それでも、夏祭りに来てくださっている近所の顔見知りのひとに挨拶しながら、模擬店を回って帰って行きます。

いつものように、父の夕食を作るために――。

M保育園と合同で行なっていた運動会ですが、M保育園を運営していた会社が、保育園を閉鎖してしまいました。合同運動会などできません。ののはな園が少し広くなる前の年、昭和五八（一九八三）年のことです。

さて、困った。来年の運動会をどうしよう。どこかに運動会ができる広場はないかなあ。いろいろ考えました。

三野公園頂上の広場や、旭川の河川敷などを思いましたが、山の上や河原までは、大きな運動器具は運べません。かつて園の側の空き地でしていた運動会ごっこのように簡素化しようか、とも考えました。でも、もうそのころには、園の周辺の造成地には空き地や広場はありません。

ふと、ののはな園から歩いて一〇分足らずの三野の山裾にある障害児の通所施設が思い浮かびました。以前、そのK施設代表の恵子先生の紹介で、ののはな園に入園してきた子もいます。ののはな園の行事のときには、保護者の車の駐車場として使用させていただいている施設です。

駐車場にしている庭は、三〇人少々の親子なら、運動会ができそうです。

恵子先生にお願いに行きました。

「日曜日なら空いているから使ってもいいけど、草茫々な所の草刈りまでは出来んよ。それに砂利を敷いとるけど、いいんかな？」

恵子先生から了解を得て、やっと、運動会の場所が決まり、一〇月末の日曜日と決定しました。庭に敷いてある砂利の上には、ののはな園の砂場へ砂を補充してもらう出入りの業者に頼み、真砂土を入れてもらいました。

あとは、どんな形の運動会にするか、です。職員みんなで知恵を出し合い、大筋のことが決まりました。でも、私たちが決めただけでは運動会は出来ません。子どもの降園時間に、都合がつかれる保護者のみなさんに集まっていただき、運動会の説明と、協力のお願いをしました。

子どもたちは三〇人ほどなので、親子が紅白に分かれて競い合う形の運動会にしたい。三歳以上の子らと保母が白チームで、二歳以下の子の親子が赤チームとなっての紅白対抗にして、運動会を盛り上げたい。

そんな競技の説明をしたあと、借用する園庭の周りが草茫々なので草刈りに手を貸していただきたい。運動会当日の進行や競技の補助などを手伝って欲しい。そんなことを恐縮しながらお願いしました。

それからは、競技や演技に必要な跳び箱、マット、平均台、玉入れ台、紅白の大玉などなどをリヤカーに乗せて、そのあとから子どもたちが手を繋いでゾロゾロと列になって歩き、練習に通いました。

第一回の運動会は、保護者の協力で草を刈ってもらい、真砂土で整地された心地よい広場で、保護者も子ども笑い声を挙げながら、爽やかな汗を流しました。

この紅白親子対抗の形と、K施設のこぢんまりとした広場で催す運動会は、以後、ずっと続くことになります。

私たちは毎年、保護者のみなさんに、どんな競技で、どんなハンデを課すと、子どもたちが競い合えるのか、工夫を凝らしたものです。

ホールが出来て、生活発表会も変わりました。発表会は、子どもたちの園での生活や遊びなどを保護者の方たちに知っていただきながら、それぞれの子の成長を見てもらう日です。この発表会は、例年、年度末の二月に行なっていましたが、その発表を一二月にして、クリスマス発表会としました。子どもたちが発表し終えたとき、保育園にサンタさんが来てくれる、という趣向にしたのです。

子どもたちは一二月になると、サンタさんにプレゼントを入れてもらう大きな紙袋を用意します。その袋に、それぞれ自分で描いた絵を貼って、部屋に吊り下げます。靴下ではなく、紙袋を吊り下げておくのです。

それからは、自分の紙袋にサンタさんがプレゼントを入れてくれるのを待ちます。

そして発表会当日、年齢なりに、日ごろ遊んでいるわらべ歌や、読み聞かせてもらったお話の劇や英語遊びなどを保護者のみなさんに見てもらいます。

それらがすべて終わって、「サンタさーん」と子どもたちか呼ぶと、赤い服を着て、白い髭のついたお面を被り、赤い帽子を目深に被ったサンタさんが、大きな白い布の袋を持ってステージに出てきます。ちょっと見では、だれだか判りません。大きい子らは、サンタさんが本物かどうか目を凝らして見詰め、小さい子は、そのただならぬ姿形を横目で見ながら、お母さんにしがみついて固まっています。

そんな子どもを見ながら、「サンタさんに、なにか聞きたいひと」と言うと、手を挙げた子らは、それぞれに思ったことを訊ねます。

「ぼくたちの歌が聞こえましたか？」、「なにに乗って来たのですか？」、「どこから来たの？」

サンタさんは、なにも答えません。サンタさんの口元に耳を近づけた私がうんうんと頷き、サンタさんの代わりに答えるのです。

そんな問答をして雰囲気が和んだころ、サンタさんに訊ねます。

「今日、一生懸命発表した子どもたちへのプレゼントは、この袋の中ですか？」

サンタさんが大きく頷くと、大きな白い布の袋から絵を貼った紙袋をひとつずつ取り出しては、名前を呼びます。呼ばれた子はサンタさんの前に出て来て、サンタさんから手渡してもらうのです。

赤ちゃん組の子と、お母さんから離れない子は、お母さんと一緒に貰いに出て来ます。小さい子たちは怖くて今にも泣きだしそうな顔でやって来て、紙袋を手にすると脱兎のごとくお母さんの側に帰ります。大きい子たちは、ゆっくり手を伸ばして紙袋を貰い、サンタさんが本物なのか、誰なのかを見極めようとします。そして、自分の席に戻ると、ひそひそ友だちと話し始めます。

「お面じゃ、お面を被っとんじゃ」

「腕時計をしとったよ」

「手が、お砂場のおじいちゃんじゃった」

そうなのです。サンタさんに扮しているのは、お砂場のおじいちゃん。私の父です。子どもらの囁いていたことを聞いた父は、次の年には時計を外したり、手が見えないように軍手で装備したり、首巻きをしたり、毎年、気を配りながらサンタさん役を楽しんだようです。

後年になって、父が健康を損ねたときにも、「サンタさんを、せんといけんからな」と、心待ちにしながら体調を整えたものです。


少し話が前後しますが、月初めには、毎月、「園だより」を発行して、その月の子どもたちの遊びの内容や、行事などをお知らせしています。

一二月の園だよりに、クリスマス会のお知らせをした数日後の事です。手芸が得意な保護者の雅美さんと鈴子さんが、「クリスマス会のあと、駐車場で手作り品のバザーをしてもいいですか」と言って来られました。

発表会の日には、お父さんやお母さん、おじいちゃん、おばあちゃんまでが、子どもや孫の発表を見に来られます。バザーを申し出てくださったお母さんの勤め先の施設や学校では、こんな日にバザーを催すのでしょう。

保育園にも、ホールや駐車場ができて手作り品を並べる場所ができた、と思われたのでしょうか。もしかすると、保育園が少し変わり、カンパ代わりに、と思われたのかもしれません。なにはともあれ、ありがたいことでした。

このおふたりの催してくださった手づくり品バザーは、その後の夏祭りでは手づくり品コーナーとして、模擬店のひとつになります。

手づくり品コーナーには、おふたりの品に加えて、賛同されたお母さんたち保護者の手作り品、私たち職員の作った品なども並び、人気コーナーとなりました。

6　極楽に潜んでいたこと

平成二（一九九〇）年、新しい年を迎えました。

この年の一二月で、ののはな園は開園二〇年を迎えます。小さな保育園をつくりたいとの思いだけで始め、一日いちにちを精一杯に積み重ねてきた歳月です。

開園当時は、こんなにも長く子どもたちと一緒に過ごせるとは思いもしませんでした。五、六人の園児を抱え、力を貸してくださるひとを探して右往左往だったころ。職業安定所で求人する事を覚えたころ。保育科の卒業生を採用する道がつき、子どもたちとの遊びだけに夢中だったころ。

そんなときを経過しての今、三五人ほどの子どもたちが大家族の兄弟姉妹のように群がって賑やかに遊び、その子らを私たち五人の保母が見守りながら日々を送っています。

一九年間。よくぞここまで――。感慨一入です。

来し方を省みると、私は子どもと一緒になってわいわい騒ぎ、笑い合い、ときに渡り合い、いつも自分の全てを投入して子どもたちの中にどっぷり浸かり込んでいたように思えます。そんな中で、子どもたちに楽しませてもらった日々とともに、至らなかった未熟な自分が浮かび上がってきます。にもかかわらずここまでなんとかやって来られたのは、大切な子どもを託してくださる保護者がおられて、子どもたちがいて、力を貸してくださった折々の保母さんたちがおられたからこそ、なのです。

二〇年目の節を迎えるときには、開園以来の保護者の方々や歴代の保母のみなさんに、「お陰さまで、今は、楽しく充実した毎日を過ごさせていただいています」と感謝の気持ちをなにかの形で伝えたいもの、と思いました。

そんな事を考えてはいたものの日は過ぎて、あと四か月ほどで二〇年の節、という夏が来ました。

このときにはまだ、好奇心を全開にして充実の日々に浸りきっていた私は、自分の足もとに亀裂が生じていたなど、夢にも思っていなかったのです。

ものを言うのさえ億劫な連日の猛暑が続いています。仕事を終えた夜々に参加していた研究会が大きな発表会を終えて、私も一息ついて、暑さに茹だっていたときです。

突然、年少組担任の英子さんが出勤しなくなりました。彼女と仲がよく、勤務時間以外にもよく行動を共にしていた年長組担任の美子さんに、なにかあったのか訊きました。美子さんは「なにも知りません」とぶっきら棒に言って、しばらく黙したあと、無表情に冷めた声で言います。

「いろいろ、我慢できないことが、あるんじゃぁないですか！」

欠勤を続けていた英子さんは出勤しないまま、電話で辞意だけを伝えてきました。

唖然とした私は、なにが我慢できなかったのか、どう慰留しようかと考えていた矢先です。英子さんとペアで年少組を担任していた史子さんが、「話がある」と言って来ました。

体の調子が悪く毎日がしんどくて堪らない。でも、こんな状況では休むことも出来ず、ゆっくり寝てもいられない。来月いっぱいで辞めたい。

えっ！　一瞬、耳を疑いました。

この状況に耐えられない！　この状況を見捨てる？

頭から浴びた冷水が、身体を伝って足元まで流れ落ちているような気がしました。

史子さんは四月から勤め始めたばかりです。まだ慣れないためか、少し身体が弱いのか欠勤が多くて、ペアを組んでいる英子さんから、ときどき愚痴を聞かされてはいたのです。

なんと、ふたり続いて退職です。暑さなど吹っ飛びました。

頭の中で、「なにが起きたの？」と、同じ言葉がこだまのように響き合います。「話がある」と言われるときはいつも大変なことがあるんだ、と思ったり、「どーん、どーん」と高く打ち上がる二発の花火が浮かんだり消えたりするばかり。呆然として、なにひとつ、まとまったことは考えられません。

ふと、「兎と亀」の話が浮かんできました。

すぐ有頂天になって得意げに話したり行動したりする私に、慢心するな、というたとえに、父か聞かせてくれた話です。

身に余るほど幸せな極楽で、私は有頂天になって昼寝をした兎だったのだろうか！

打ちのめされているだけで、どうしたらいいかなど、考えられません。

しばらく経って、今までの自分のあり方を省みました。

あちらこちらで自分の楽しみを味わい、なにやかや好きなことを見聞きして来て、即、それを保育に取り入れて、調子に乗って傲慢になっていたのだろうか。道楽どうらくと言いながら、子どもらと一緒に遊び楽しむだけで、それ以外には目も関心も向かなかったのではないか。保母さんの心を見ていないにもかかわらず、一方的に自分の考えだけを押し付けて、要求が増えていったのだろうか。

頭に浮かぶ考えを打ち消したり、そのあとまた肯定したりと、堂々巡りするばかりです。

改めて、保育科の学生を初めて採用したころからの、保育園の状況を振り返ってみました。

当時は大人も子どもも、みんなひとつの空間にいて、お互いの顔や動きを見通しながら、楽しいことも困ったことも、笑い合い助け合って過ごしていました。

それから五年後、隣家が引っ越して、渡り廊下で繋いだ保育室が増えました。以来少しずつ、困ったことがあっても直ぐには助けてもらえない、お互いに知らない時間が増えていったのかもしれません。そのうえに、保護者の要望に応えて、就学までの子を保育するようになっています。私は、就学前の大きい子の中にいることが多くて、少しずつすこしずつ、お互いの意思疎通ができ難くなったようにも思えます。

力を借りる保母さんも大きく代わっていました。私の思いを分かってもらえる頼りの碧先生は退職しています。今では、学校を卒業して一年目、二年目、長くて三年目の若い保母さんばかりです。彼女らの多くは、岡山県の北部や広島県の出身者でした。二、三年経ってやっと仕事に慣れてきたころには、郷里に帰るため退職して行きます。そのたびに学校から卒業生を紹介していただく、ということが繰り返されていました。

だんだん、私と保母さんたちとの年齢差は開いていき、お互いに分かり合えないことが多くなっていたのかもしれません。

そういえば、最近「ハイ」と気持ちの良い返事が聞かれなくなったようにも思えてきました。私がなにか言うと、「えぇっー」とか、下を向いたまま不承不承をまる出しに低いトーンの「ハーイ」でした。でも、そんなことは気にも留めず、私は自分の思いだけを言葉にして、自分の思いに向かって突っ走っていたのです。

もしかすると彼女らは、いろいろなことを思いついては、好き勝手なことばかり言って、と思っていたのかもしれません。その不満がだんだん溜まっていったのでしょうか。

園児が二〇人を割ったことから聴講に行きだして八年です。ずいぶん前から、子どもたちは三〇人を超しています。子どもが増えてからは、出来るだけ保育園に居るようにしましたが、ときには午睡時間などに出かけたこともあります。私が出かけたあとを守ってくれていたのは、若い保母さんたちです。そのあいだに、お互いの不満も吐き出し合っていたことでしょう。

打ちひしがれて考えたことが、的を射ているのか外れているのか分かりません。でも、私は、楽しく自信に満ちていた極楽から、一気に奈落の底に突き落とされたのです。

ひとの心を読もうともしなかった傲慢な自分を責めました。

「保母さんたちの心が見えなくて、子どもたちの心が見えるはずがない。ひととの関わり合いがうまく出来ない私が、子どもたちの人間関係を云々し、仲良く、などというのはおこがましい」

そのうちに、自分の人間性にまで考えが及びました。

「相手の気持ちにお構いなく、思ったことをなんでも言葉に出し、後先考えずに行動し、自分の思うようにならないと我慢ならないで、投げやりになる」

こんな自分には子どもを保育する資格はない、と思えだし、保護者からの信頼がとても重く感じられだしました。

そして最後に、一つの結論に到達しました。

「どうせ、吹けば飛ぶような小さな保育園だ。もう止めよう」

詳しい状況を知らないまま、なんとなく気配を察して心配していたようすの両親に、簡単な経緯と私の決心を話しました。

「そうかぁ。それは大変じゃなぁー」

父は言葉少なく、母は意気消沈の私を慰め元気づけながら言ってくれました。

「もう充分頑張ったよ。これ以上無理せず、身体を壊さないうちに止めるのが一番よ」

父も母も、私が自分を責めたような言葉は少しも言いません。なにがあっても、ふたりは私のすべてを肯定し受け入れてくれる完全な味方です。そう思ったとき、踏ん張っていた私の心が一度に弛み、このとき初めて涙しました。

ののはな園を閉める、ということは決めましたが、とりあえず年度の終わりまでは頑張らねばなりません。今は、落ち込んで困惑し切っている私の心を、子どもたちや保護者に悟られてはなりません。

年度末まで援けてもらえそうな保母さんを必死で探しました。辞めた保母さんの仕事までこなし、少しでも暇があれば思いつく限りのひとに電話しました。援けてもらえそうな感触があれば、仕事が終わった夜に頼みに行きました。

そうこうしながら、やっと見つかりました。

福祉施設の仕事を辞めて田舎に帰る予定だった鈴子さん。他の保育園を退職して失業保険を貰っている鶴さん。それに、香ちゃんのお母さん。

香ちゃんは虚弱なため他園では受け入れてもらえず、お母さんと一緒に通園して来て、ののはな園で集団生活を体験していたのです。

山口先生にも、私の未熟振りを恥じ入りながら事情を話しました。ちょうどその時期、卒論の事例研究で三人の学生が入れ替わり子どもの中に入っていました。先生はその学生たちに、「こんな状況のときにこそ、力を貸して恩返しをしなさい」と言って、彼女たちが保育園を手伝える時間を聞いてくださいました。

なんとか、来年三月までは援けてもらえるひとが見つかりました。そして、運動会や遠足など秋の恒例行事を切り抜けました。

開園二〇年目の節、一二月一日も越し、クリスマス発表会がきました。

この日を私は密かに待っていました。保護者全員が集まる日なのです。この場で、ののはな園を閉めることを発表しよう、と決めていました。

その当日、子どもたちは恙なく発表会を終えました。そのあと、サンタさんからプレゼントを貰いケーキを食べる、という趣向の時間に、保護者に別室に集まってもらいました。その部屋に、さりげなく山口先生とわらべうたのたかぎ先生も入って来られました。

私は、人前でものを言うのが、なにより苦手です。加えて精神状態も普通ではありません。今までの経緯を端的に説明し、自分の複雑な胸のうちを要領よく告げることなどは、とても不可能です。心情を綴った紙を読みました。

《ののはな園は、二〇年を迎えました。思い返せば色々なことがありました。

子どもたちとのたくさんの出会いがあり、出会いの分だけ別れもありました。子どもたちを介して、たくさんの保護者のみなさまや、子どもたちのおじいさま、おばあさまとの出会もありました。保育園を取り巻く形で、色々な先生方や保育園を応援してくださった方々とも出会いました。たくさんたくさんの方々に力づけられ励まされながらの二〇年です。感謝の気持ちは言葉で言い尽くすことは出来ません。

私にとって本当に楽しい二〇年でした。子どもたちに囲まれて毎日まいにち楽しく過ごすことができ、遣り甲斐のある仕事ができる幸せに酔いしれた年月でした。

ののはな園の二〇年は、充実した私の人生そのものでした。

子どものことだけ考え、子どもとの遊びや生活のことだけ考え続け、どうすればワンステップ上れるのか、どうすればよりよく育つのか、どのような環境を整え、どのような配慮をし、どのような体験が望ましいのか。大切にすること、あるべき姿、そんなこんなを考え悩みながら、試行錯誤の日々でした。それがまた私には、なにより楽しいことで、充実感に満ちていました。毎日まいにち、心から仕事が楽しいと思って過ごしてきた極楽の日々でした。

保護者のみなさまもお気づきのことかと思いますが、今年の夏、職員がふたり続いて退職、という思いもかけない事態が起きました。年度半ばの上に、社会は今、どちらを向いても人手不足です。

八方手を尽くして後任を探しました。

子どもたちの命を守る責任、心を守る責任、成長を手助けする責任。そんなことを考えながら、必死でした。

なんとか今は、保育経験豊かな三人の方たちに無理矢理お願いして援けていただいています。以前から引き続きのふたりの先生も頑張っています。若さ溢れる幼児教育学科の大学生三人の応援もあります。

以前よりもたくさんのひとたちに取り囲まれた子どもたちは、それぞれ違う角度から、それぞれが持っている個性を認めてもらい、大切にしてもらいながら過ごしています。私は今、ほっと胸をなでおろしながら、この状況を少し複雑な心境で眺めています。

夏の一件以来、私自身の楽しさや充実感と、私の背負っている責任の大きさとの間《はざま》にある溝を思い知りました。子どもの命を、心を、成長をどうしたら守れるのか。保護者のみなさまの期待と信頼にどうしたら応えられるのか、考え続けてきました。

そして、自分の未熟さや、力の限界などを思い知り、「保育園を閉めて、ひと休みしたい」と強く思うようになりました。

この園に、大切な我が子を託してくださっている保護者のみなさま。応援し、励まし力づけてくださった方々。多くの方たちに深く感謝しながら、平成三年三月末日を以って『ののはな園』を閉めたいと思います》

読みながら、なぜか涙が溢れてきて止まりません。拭ってもぬぐっても出て来る涙を恥じながら、早くこの会を解散したい、と終わりの挨拶をしたときです。

ひとりのお父さんが閉園に対して質問をし始めました。

「保母が辞めたことが、どうして保育園の閉園に繋がるのですか？　保母は補充すれば解決できることではないのですか？　この園が、今まで長い間子どもを預かってきたという事実は、個人の都合や思いを超えた社会的な責任がすでに発生していることだと思います。閉園しなければならない、物理的な問題がなにか他にあるのでしょうか？」

思いもかけない、社会的な責任、という言葉に一瞬たじろぎました。でも、今の私にはこれ以上保育園を続けていくことは出来ないと、しどろもどろに答えていたときです。

それまで黙ってやり取りを聞いておられた山口先生が、立ち上がられました。

「今回のことはね、ゼネレーションギャップというのだと思いますよ。時代が変化してね、若者との世代差が大きくなって価値観も変わってね。お互いに相手が理解できなくて世代断絶が起きるという、避けては通れない社会的な現象ですよ」

山口先生の発言は難しくてよく分かりませんでしたが、私を弁護してくださっている、と心強く思えたことでした。

そのあと次々と保護者の発言が続きました。感情が抑え切れずに涙ながらに感謝の意を言われたり、閉めたら困ると訴えられたり、今まで任せ切りにしてきた保護者としての姿勢を反省していると言われたり――。

もとはといえば自分の至らなさから起きたことなのに、と私は汗するばかりで、心ここに在らずです。私の頭の中は、どうすればこの場が解散できるのか、ただ、それだけでした。

別室にいた子どもたちの姿が部屋の外に見え出し、一刻も早く異様な雰囲気の会を打ち切らねばならないと思いました。

「子どもたちも、もう待ち切れなくなっています。とりあえず今日の所は解散させてください。もう一日考えます」

いたたまらなくなって、その場逃れに言った言葉に、みんなが一斉に拍手し、私が驚いている間に、その場は解散となりました。

その日の夜、数人の保護者の呼びかけで保護者全員が集まり、保育園を支えよう、という話がなされたそうです。

このあと、私の気持ちがどう動いていったのか、記憶に残っていません。でも、もう、なにがなんでも私には出来ない、と、あんなに頑なに閉めようと思い、言い張っていたにもかかわらず、ののはな園を続けていくことになりました。

保護者のみなさんの熱意に負けたのかもしれません。

みなさんが自信を持たせてくださったのかもしれません。

このとき、「友の会」という名称で保護者会ができ、以来ずっと保育園を大きく支え続けてくださいました。

この会の最初の会長は、閉園を告げた日の夜に「集まろう」と音頭をとってくださったと聞いた、信ちゃんのお母さんです。

第一回の友の会役員会のとき、「始めに何か一言」と促されました。まだ気持ちの中にある重いしこりが解けないでいる私は、ためらい気味に口を開きました。

「二〇年という区切りのよいときに閉園、と決心していたにもかかわらず、みなさんのお世話になりながらまた続けていくことになりました。よろしくお願いいたします」

私の言った二〇年、という言葉から、記念式典をしようと、話が飛び始めました。大層なことになりそうで、慌てました。それで、ぽつりと、閉園騒動など予想もしないときに考えていたことを話しました。

開園から今までの間に園に関わってくださった方々に、ささやかに感謝の気持ちを伝えたいと思っていた、と。

それから話はとんとん進み、催しまでが決まりました。

「ありがとう！　二〇周年。講演とうたの集い」

内容は、山口先生の講演と、たかぎ先生のわらべうたです。日時は年度内に、と、三月初めの土曜日に決まりました。

友の会のみなさんには、一か月少々の間にたくさんの作業があり、さぞ大変だったと思います。けれども、みなさんのお力のお陰で、当日は開園以来の保護者の方々や大きく成長した子どもたち、以前お世話になり力を貸してくださった保母さんたち、他園の園長などなど、ののはな園を応援してくださった多くの方々が参加してくださいました。

私は心の中の固い塊を片隅に押しやって、精一杯の笑顔で参加のみなさんに感謝の気持ちを伝えました。もしかすると、泣いたあとの子どものような笑顔だったかもしれません。

因みに、この集いで和やかに司会を務めてくださったのは、友の会の副会長さんで、私に社会的な責任を説かれた達ちゃんのお父さんでした。

7　思い出の中に

ののはな園という小さな社会のリーダーとしての誇りを胸に、小学校という新しい社会に向かって卒園して行った裕ちゃんと圭ちゃん。

ふたりが通うそれぞれの小学校に、体験入学のときに一緒に行きました。どちらの小学校も、ののはな園の全園児数より多い人数がひとクラスです。

一年生の教室に入って、うしろに立って授業を見学していると、担任の先生が見学している子へ、「分かるひといるかな？」と投げかけました。すると、裕ちゃんが手を挙げて答えたのです。なんという物怖じしない子かと、そのときは感心しました。けれど、入学してからのふたりが、どんな気持ちで通学していたのかは、知るすべがありません。

裕ちゃんにはふたつ歳下の弟、候くんが、圭ちゃんにも四つ違いの弟、和くんが、まだ、ののはな園にいます。彼女たちは学校が夏休みになるのを待ちかねて、弟と一緒にお母さんの車に乗って園にやって来ます。

再会したふたりは、大白さんとして自信に満ちて過ごしていた当時そのままの姿で、誇らしそうに小さい子の世話をします。故郷に帰って来た気分だったのでしょう。

裕ちゃんは夏休み中にある保育園の行事は、なににでも参加しました。なかでも、「お泊り保育」は保育園の子よりも楽しんだようです。

裕ちゃんと圭ちゃんが二年生になって、裕ちゃんの弟の候くんが年長組として保育園での最後のお泊り保育を終えた直後のことです。

裕ちゃんが珍しく目を伏せて、必死さの伝わってくる声で言います。

「今度の夏休みには、小学生だけ集まって、お泊り合宿したいんだけど」

もう来年は来られない、と思ったのでしょう。

このころ、昭和六〇（一九八五）年ころには、学童保育のある学区は少なく、保護者たちが盛んに組織作りをしていたときでした。裕ちゃんの通っている小学校区にも、学童保育はありません。学校から帰ると、ひとりで留守番なのです。

「困ったらいつでも電話しておいでね」と言った私の言葉に縋るように学校から帰ると、なんども電話をして来ました。

裕ちゃんたちきょうだいが、ののはな園に通っていたときには、お迎えがたびたび遅くなっていました。このころは中学校が荒れていた時代で、学校で問題が起きるたびに中学校の教師のご両親は、定時では帰れなかったようです。そんな日は私の両親の隠居に一緒に帰って、夕飯を食べてお母さんのお迎えを待っていました。

そんな状況だったので、小学校から帰ってもひとりで留守番をする時間が長かったのでしょう。電話してきては些細なことを話し、寂しく心細い気持ちを紛らせていたのだと思います。

弟の候くんが一年生になってからは、ふたりでの留守番となり、電話の回数は減りました。でも、圭ちゃんにはなんども電話をして、お泊り合宿のことを話していたようです。ときどきかかってくる電話で、「圭ちゃんと話したんだけど――」の言葉がよく聞かれました。弟が卒園して、ののはな園との繋がりがなくなった裕ちゃんです。お泊り合宿は大きな楽しみで、支えだったのかもしれません。

昭和六二（一九八七）年、三年生になった裕ちゃんと圭ちゃんの夏休みが来ました。裕ちゃんはお父さんの車で、圭ちゃんは隣に住んでいる叔母さんの車に乗せてもらって保育園にやって来ました。少し遅れて、一歳年下の史ちゃんも来ました。裕ちゃんは、いつも一緒に遊んでいた史ちゃんも誘っていたのです。

ののはな園には、夏休みになると数人の小学生が来ています。懐かしんで来る子や、まだ園にいる弟か妹と一緒にやって来る卒園児たちです。

　裕ちゃんと圭ちゃんは、その日に来ていた小学二年生の崇くんと宣くん、そして史ちゃんに、合宿のことを話しました。もちろん、崇くんも宣くんも賛成しました。いつ集まるか、どんなことをするか、友だちをどのようにして誘うか、口々に話しだしました。そんな子たちをホールに残して、私は保育園の子の保育室に戻りました。

　お昼寝の時間になり、保育園の子たちを保母さんに任せて、小学生のいるホール入りました。みんなでふざけ合いはしゃぎ回っています。

「決まったの？」と問うと、みんなは顔を見合わせて頷き、自信あり気に書いたものを見せました。

　友だちへの誘いの手紙やスケジュールなど、必要なことは決めています。保育園で過ごした友だちとお泊り合宿がしたい、という熱い思いの裕ちゃんがリードしながら考えたのでしょう。小学校二、三年生の子どもたちの力に感心しました。

この手紙に「ほっきにん」と三年生のふたりの名前を記して、その翌日、卒園した一、二年生宛に送りました。

夏やすみの　がっしゅくについてー

ののはなえんで　いっしょに
　あそんだみなさん！
小学生だけで
たのしいがっしゅくをしようとおもいます。
トランプや花火や　りょうりをみんなで
　いっしょにつくりたいとおもいます！
たのしい　がっしゅくをしましょう。

もってくるもの
たべもの…○おこめ　2合　○かんづめ
ふく…　○ねまき　○したぎ　○朝のふく
もちもの…○べんきょう　○花火　○はぶらし
あつまる日にちとじかん… 8月26日　4じ
あつまるばしょ…　ののはなえん
かいさんの日とじかん… 8月27日　1じ

夏休みも残り少なくなった合宿当日、女の子三人、男の子八人の一一人がやって来ました。女の子たちは、大きな声で「みんな座って！」と言ったあと、大きなカレンダーの裏に大きな字で書いてあるスケジュール表を壁に貼りました。それから裕ちゃんが「わたしが議長をしますが、いいですか？」と、みんなを見まわします。「よろしい」とみんなが口を揃えて言うのを待って、壁に貼っている予定をひと通り説明しました。

スケジュール

8/26	
4:00	集合
	よてい
	夕ご飯のはなし合い
4:30	夕ご飯じゅんび
	かいもの
6:00	夕ご飯・かたづけ
7:00	ゲーム・トランプ
	はなび
9:00	おふろ
9:30	ねる
8/27	
6:00	おきる
7:00	朝ご飯
8:00	はなし合い
	べんきょう
10:00	あそび
11:30	ひるご飯
12:00	片付け、
	帰りのようい

子どもたちは、それぞれの小学校で集まりの進め方などを学習したのでしょう。ほほえましい光景でした。

そのあと夕食の準備に取り掛かりました。初めのうちこそ借りてきた猫のようだった子たちは、久しぶりに会ったとはいえ赤ちゃんのころから一緒に育った仲間です。すぐに昔に戻り、男の子たちは嬉しくて堪らないようにじゃれ合い、ふざけ合いを始めます。

「席についてください」とお姉さんたちに注意されては神妙に座ります。そこは、まだ一、二年生の男の子たちです。

ご飯が炊けたとき、女の子たちが言いました。

「お砂場のおじいちゃんとおばあちゃんを誘って来てもいい？」

お砂場のおじいちゃんとおばあちゃんとは、子どもらを見守ってきた私の両親です。裕ちゃんはじめ、お迎えの遅い子たちは、はずいぶん慰められています。

おじいちゃんとおばあちゃんは、夕食のおかずを持ってきてみんなに勧めながら、子どもらの仲間になって賑やかな食事をして、帰りました。

食事の片付けが終わったころ、碧さんが大きなスイカ持って訪ねて来られました。彼女は昭和五一年から五八年までの七年間勤めてくれた保母さんです。一年生の男の子四人は、碧さんが退職したときには赤ちゃん組でした。三年生の裕ちゃん圭ちゃんとは、赤ちゃんのときから四歳までを一緒に過ごしています。

「あの赤ちゃんが、こんなに大きくなって――」と、碧さんは子どもたちを眺めて感動しています。そして、「私のこと、覚えてる?」と裕ちゃんと圭ちゃんに訊ねました。ふたりは首を傾げながら「うっすら」と答えるだけで、碧さんの感動は伝わりません。「そうよね」と笑いながら言って、誘われたハンカチ落としの仲間になって楽しそうに遊んで、帰って行かれました。

男の子は花火のあとで、肝試しと称して田んぼ道を走りに行きました。いつも散歩していた道であり、寒い冬のマラソンコースだったこの道を、真っ暗な中で走ってみたかったのでしょうか。

次の日、朝食をすますとすぐ、子どもたちは用水路に魚取りに行きました。用水路までの途中にある両親の隠居に寄って、おじいちゃんも誘っています。子どもたちの夏の思い出は、なんといっても魚取りで、一緒に魚取りをしてくれたおじいちゃんが「魚取り名人」だったことを忘れてはいません。

あっという間に解散のときが来ました。集まったみんなは、今回の合宿についての感想を書きました。

女の子はみんな同じようなことを書いています。

「寝る前に三人で髪を結び合ったのが楽しかった」

「風呂掃除、食器洗いを三人でして楽しかった」

おっとりした史ちゃんは、したこともないことを頑張ったのでしょう、付け加えていました。「でも、食器洗いだけは、もうこりごりです」

それに比べて男の子は、花火や魚とり、ゲーム、肝試しが楽しかったと書いています。後片付けは女の子に任せて楽しく遊んだようです。

「寝る前に怖い話をしたので、怖くてなかなか寝られませんでした」と書いていた男の子の感想から、眠るまでのみんなの様子が浮かびます。

みんなは、「また来年も集まりたい」と、一、二、三年生のそれぞれの学年からひとりずつ、来年の世話係りを選んで解散しました。

次の日、圭ちゃんは弟の和くんと一緒に登園して来て、みんなに手紙を書いていました。

「今年の集まりは、とても楽しくて、また来年も集まることにしました。また、夏にあいましょう」

この手紙を読みながら、思いました。

お泊り合宿がしたい、と裕ちゃんが圭ちゃんに話し、ふたりに賛同した友だちがまた友だちを誘い合い、輪を広げ、友だち集団で合宿をした。計画も進行も子どもが考え、協力し合いながら過ごして解散した。私は、子どもたちの成長した姿を見せてもらえた。

小さいころ一緒に過ごした友だちと、夏休みに集まる。これが続いていくといいだろうなあ、と思ったことです。

次の年（昭和六三年）、第二回の夏の合宿は、保育園の夏休み中でした。

四年生になった裕ちゃんは、前回のときに、来てないひとにも来てもらいたいと言っていた言葉通り、一歳年上の友だちも誘っています。

次々と、子どもたちがやって来ました。五年生二人、四年生三人、三年生四人、二年生四人、一年生二人のみんなで一五人です。

今回の計画には、お庭に竈《かまど》を作って飯盒《はんごう》でご飯を炊く、三野の山にテントを張り、セミ捕りや缶蹴りをして遊ぶ、などを盛り込んでいます。保育園で過ごしたころの、楽しかった思い出なのでしょう。

でも、なにより盛り上がったのは、裕ちゃんが考え準備した肝試しでした。ダンボールやホールに置いてある大型積み木などで迷路のようなトンネルを作り、その中を手拭いで目隠しして通り抜けるのです。トンネルの途中に、上からこんにゃくが吊るしてあったり、足元に濡れた雑巾が置いてあったり、単純な仕掛けですが、一つひとつの場所でキャーキャー叫び、みんな大喜びでした。

解散前、また来年もしたい、というみんなの思いに応えたのは、来年六年生になる真くんと雄くんです。ふたりは、就学前の一年間を他園で過ごした男の子です。

　子どもらが解散したあとの私は、まだ熱気の残っている部屋を片付ける体力も気力もないほど、疲れてしまいました。子どもたちは一年間で大きく成長していました。背丈も運動量も考え方も、一年前とは随分違います。その大きく成長した子たちの一五人分のご飯を作って、片付けをして、また、ご飯の用意をしてと、子どもの力だけでは出来ない食事作りに追いかけられた気がしました。疲れた果てた身体を休めながら考えました。

　子どもたちは一年いちねん大きくなり、来年は六年生までが参加する。一年生になる子も増えることだろう。もう、来年は、ののはな園でＯＢ会をするのは無理だ。どこか、集まる場所を探そう——。

　また一年経ち、平成元（一九八九）年の五月初めの土曜日。真くんと雄くんのふたりが自転車でやって来ました。真くんの家は旭川の東の高島小学校の近くで、雄くんは津島で岡山大学の官舎です。ののはな園は、ふたりの家のちょうど真ん中あたりで、自転車で来るには適当な距離なのでしょう。でも、六年生のふたりが、どんな会話のあとで自転車に乗って来ることになったのか、想像できません。真くんも雄くんも口数が少なくて、社交的とはいえない男の子だったのです。

保育園の門の前で落ち合ったふたりは、他人行儀に小声で話しながら部屋に入って来ました。私が筆記用具と紙を取りに部屋を出て帰って来ると、もう、ふたりは打ち解け合ってケラケラ笑い合っていました。

そのふたりが椅子に座る前、並んで立った雄くんが私を見て、自分の頭の上に右手をかざしました。目が合うと、頬のえくぼをひと際深くして崩れるような笑顔を見せます。身長が同じ、と思ったのでしょう。

「大きくなったなあ」と言うと、雄くんは細い目を一層細くして笑い、園児用の椅子に座って、真くんを見ました。

「椅子、こんなに小さかったかなあ?」

雄くんより背の高い真くんは、ニコッとして、小さな椅子に座ります。三人でしばらく昔話をしたあと、やっと「OB会」の話になりました。

今年は宿泊施設を探して申し込みたい、と言うと、彼らは校外学習で行った色々な施設のことを話し始めました。

早速、それらの施設に電話をしました。ところが、どこに電話しても、予約でいっぱいとの返事です。何か所目かの「国立吉備少年自然の家」で、ロッジでも良ければと、なんとか予約が取れました。

自然の家から書類が届いたあと、ふたりは、なんど保育園に来たことでしょう。活動内容や日程表を作り、事前打ち合わせに行き、集合や解散の時間や費用を調べて小学生に案内の葉書を出すところまで、頑張ってくれました。

こんな、真くんと雄くんのふたりの大きな力があって、第三回以降のOB会は園外に出て行くことになったのです。

平成元（一九八九）年、初めて園外で行なうOB会は、国立吉備少年自然の家。参加は、小学生二〇人。引率の手伝いは、保育園の若い保母さん美子さんと、一年生の卓ちゃんのお母さん。それに、四年生になった浩くんのお母さん。浩くんは車椅子を使うようになっていました。

大人と子どもで二四人です。園児の愛ちゃんのお父さんが営んでいる保険代理店で、一泊二日の旅行保険に入り、万が一に備えました。

当日の朝、岡山駅前のバスターミナルに集合したみんなは、真くんと雄くんから出席の確認をしてもらい、八時二六分発の中鉄バスに乗り込み、送って来られたお母さんたちに手を振りながら出発しました。

乗客が少なく貸し切り状態の路線バスだったのは幸いでしたが、バスの中では、久しぶりの仲間との賑やかな語らいが止まりません。

岡山駅を出て一時間ほど経ったころ、「国立吉備少年自然の家入り口」と、アナウンスが流れて、みんな慌ててバスを降りました。

降りた停留所の立て看板には、確かに「国立吉備少年自然の家入り口」と書いてありますが、幅の広い舗装道路が交差しているだけで、入り口どころか見渡す限り建物なんぞ見えません。

当時の吉備高原はまだ整備途上で、自然の家へ向かう幅広道路の両脇には、土留めのコンクリートの擁壁が高くそそり立っていました。

　大きな荷物を持った子どもらは、擁壁の狭間の舗装の坂道を黙々と上ります。バスの中で、あんなにお喋りしていた子らも、黙って、ただひたすら歩いていています。アスファルトの照り返しを浴びて、汗を滴らせながらでは話す気にもならないようです。

　どのくらい歩いたのか、コンクリート擁壁の上に出て視界がぱっと開けたとき、周囲の山の緑がいっきに身体に沁み込んで来ました。そこからしばらく歩いて橋を渡ったとき、やっと、管理棟が見えだしたのです。

　管理棟までようやく辿り着いて、事務所で宿泊や食事の手続きをしたあと、ロッジへ案内してもらいました。ロッジがまた、管理棟から坂を下りて橋を渡った向かいの丘を上った所に、ぽつんと立っているのです。その離れ家のようなワンフロァーの広い部屋で、寝袋で眠るのだそうです。まあ、とにかく大きな荷物を置くことはできました。

　吉備高原の大自然の中に立つ国立吉備少年自然の家は、広大な敷地の施設で、並び立つ大きな棟を緑の山やまが取り囲み、眼下には橋が架かった大きな鳴滝湖が見えます。湖では、いかだ遊びやカッターができ、森の中ではハイキングやアスレチックが楽しめるということです。が、今回、真くんと雄くんの計画した活動は、一日目は鳴滝湖の周りをハイキング、二日目の午前中がアスレチックです。

真くんと雄くんが一生懸命に計画してくれた活動ですが、印象に残っているのは、施設の敷地があまりにも広く、食堂に行くにも管理棟に連絡に行くにも、山を下りて橋を渡って、また坂を上って、と大変だったこと。鳴滝湖の周りを歩いたとき、裕ちゃん圭ちゃんが浩くんの傍らを歩いて、時おり車椅子を押してあげていた姿。いつか、管理棟近くの宿泊棟に泊まりたいな、と思ったこと。そんなことしか記憶に残っていません。なにはさておき、みんなが無事に帰って来られてよかったと、ほっとした思いは強く残っています。

余談ですが、このころ父は七七歳、母は七三歳でした。たかが一泊ですが、いつでも連絡が取れるようにと、このとき初めて携帯電話を購入して持参しました。子どもたちの活動がひと息ついたとき、携帯電話から家に連絡を入れました。両親は替わり合って「なにごともないかな？」、「気をつけなさいよ」と言うのです。どうやら、私の方が心配をかけていたようです。

その次の年、平成二（一九九〇）年。いよいよ、裕ちゃん、圭ちゃんが六年生です。ふたりは五月の連休のころ集まり、学校から行ったことがある「岡山市立少年自然の家」と場所を決めています。予約の電話を入れると、夏休み中の予約は一年前から埋まっている。お盆のころは館内清掃で予約は入れていないが、その前後で一泊二日なら、との返事です。そんなことで、八月一六日、一七日に予約しました。

ふたりは、集合時間や持ち物などを決めて、手分けして小学生に出す手紙を書きました。その文面の中には、「お盆のあとになったので、この日は大切にとっておいてください」とあります。裕ちゃんが書いたのだろうなと思えます。また、お願いのところには、「行く大人が大変そうなので、お父さんお母さんに呼びかけてみてください」と書いてあります。きっと、圭ちゃんが書いたのでしょう。

そうだったのです。圭ちゃんに見透かされた通り、公共施設でOB会をしてみて、入所時と退所時以外にも施設と連絡を取り合うことが多いと、初めて知ったのです。広い施設をトコトコ歩いて往復するだけでも大変だったのです。でも、もっと大変だったのは、私が管理棟に行っている間に、賑やかで活動的な子どもらを見守っていた保育園の美子さんや、浩ちゃん、卓ちゃんのお母さんだったのではないでしょうか。

その経験から、「OB会のお知らせ」の日程表の下に、ご都合のつかれる方は引率の手伝いをして欲しい、と保護者の方にお願いを書き添えました。

呼びかけに応えてくださったのは、康くん、博くんのふたりのお母さんと、空くん、勇くんのお父さんと、圭ちゃんの伯父さんの男性三人。保育園の美子さんを加えると、大人が七人です。とくに園外での活動にお父さんが力を貸してくださることは頼もしく、嬉しく思いました。

市立少年自然の家は、日応寺の空港の近くの森に囲まれた施設でした。活動計画には、森の中でのアスレチックや谷川遊び、自然観察などが織り込まれています。こぢんまりした森の中で、木立を渡ってくる風を感じながら身体を動かしたり、山の中の谷川をせせらぐ冷たい水に浸って魚を追ったりなど、いかにも自然の中で遊んだ、という気がしました。

ゆったり遊んだ気がするのは、応援の保護者の方が多かったので気持ちが楽だったからでしょうか――。

実は、この夏のOB会の少し前に、ののはな園の保母さんふたりから辞意を伝えられて、打ちのめされていたのです。だから余計に、自然の中で感じる風のそよぎや、谷川のせせらぎの心地よさが身体に沁み込んだのかもしれません。

またその次の年、平成三（一九九一）年には、再度、国立吉備少年自然の家を使用させていただきました。念願だった宿泊棟の二段ベッドで眠り、カッター遊びまでできたのです。参加した二八人の子らは気持ちと力を合わせてオールを漕ぎ、鳴滝湖の湖面を進みました。忘れられない思い出です。

この年から、六年生になった宜くんのお父さんが引率に加わってくださいました。以後、応援の保護者は少しずつ増え、応援してくださる保護者の方も変わっていきますが、宜くんのお父さんと、その友人の愛ちゃんのお父さんとは、ずっとOB会に参加してくださり、援けてくださることになります。

それからのち、OB会の場所は、「閑谷学校」「犬島自然の家」などの施設も加わり、年によって場所が変わることはあっても、六年生になった子どもたちが毎年五月の連休のころに集まって計画を練り、小学生のみんなに連絡して参加を呼びかけることは恒例となりました。

OB会当日の六年生は、集合場所での人数確認から始まって、自分たちが考えた遊びや活動の説明しながら、参加したみんなが楽しめるように進行します。ちょうど、ののはな園で年長組の大白さんがみんなのリーダーだったように、ＯＢ会での六年生は、低学年の子らだけではなく、参加者みんなのリーダーなのです。

平成七（一九九五）年、第九回のＯＢ会のとき、初めて中学生の考くんと信くんのふたりが参加しました。それまでは、六年生でみんなのお世話係をしたのちは、もうＯＢ会には出てきませんでした。が、学校が別々のふたりは、中学生になっても夏休みには再会できる、と楽しみにしていたのでしょう。愛嬌たっぷりで座持ちの巧みな考くんと、じっくり落ち着いて頼りがいのある信くんとは、小さいころから妙に気が合うふたりでしたので。

これを発端に、中学生になっても高校生になっても、引き続き参加する子が増えてきました。彼らは、六年生が計画した宝探しで宝を隠したり、肝試しで驚かす役を引き受けたり、キャンプファイヤーの準備をしたり、次第に、小学生の企画するＯＢ会を支える側に回りました。「お兄ちゃん」「姉ちゃん」と小学生たちに親しそうに呼ばれ、頼られ、彼らは嬉しそうに張り切ってサポートしてくれます。

そのうち、大きくなった子たちは、小学生と交流する日のあと、自分たちだけでもう一泊したい、と言い出しました。意に沿う形で中学生以上の希望者は二泊になったのですが、その一泊に、ののはな園のお泊り保育の園児が合流することになりました。中学生以上の大きい子らは、自分たちだけでもう一泊、という希望だったのに、小学生と入れ替わりにやって来る小さな保育園の子たちを大歓迎しました。

大きいお姉さんたちは、四、五歳の保育園の子たちを見ると、もう、興奮状態で、「可愛いかわいい」を連発です。お兄さんたちも「俺も、こんなに小さかったんだなぁ」と呟いています。そんな彼らが、背を屈めて小さな子と目線を合わせて話し、手を繋いで無邪気に遊んでくれます。

大きい子らの中には、眉を整えたり、お化粧をしたり、髪を染めたりしている多感なお兄さんやお姉さんもいます。そんな大人ぶった子が、少し照れながらも嬉しそうに言います。

「小さい子と一緒に遊ぶと、心が綺麗になるなあ」

ののはな園のOB会に参加する小学生は大体三〇人前後です。それに、少しずつ増えた中学生、高校生以上の子らと、引率を手伝ってくださる保護者を加えると六〇人から七〇人の集団となります。

園児、小学生、中学生、高校生、大きく成長した青年、そして引率のお父さんやお母さんまでの集団が、施設の広い体育館に大家族のように集まります。そして、ドッジボールや綱引き、リレーなどで競い合い、傍目《はため》には幼稚とも思えるわらべうた遊びなどで子どもたちと手を繋いで輪になって遊んでくれるのです。

その様子は、園児や小学生を真ん中にして、中学生、高校生が外側に輪をつくり、そのまた外に青年たちが輪をつくり、それらの子どもたちを保護者が取り囲んで渦巻いている、そんな感じがしたものです。

小学生や保育園の子らが宿泊室で眠ると、若者たちは一変して、二〇歳前後の素の自分に戻ります。引率のお父さんやお母さんたちは、サポート役を務めた彼らを、その日の反省会と称する慰労会に誘います。その場が和んだころ、お父さんやお母さんたちは自分の子どもには面と向かって言えない苦言や助言などの自分の考えを語り合います。若者たちは、そんな大人の話を友だちの親の話として素直に聞き、悩みの相談もします。

保護者たちが慰労会から引き上げると、若者たちは、それぞれに近況報告や恋の話などで一頻り盛り上がり、楽しい夜を過ごしていたようです。

帰りの電車の中で、社会人一年生の淑ちゃんが、ぽつりと言いました。

「自分が頑張っているのと同じように、みんなもいろいろありながらも頑張っているんだなと改めて思えて、参加してよかった」

夏が来ると、赤ちゃんのときから一緒に過ごし遊んだ兄弟姉妹のような友だちと集まる。そして、自分が辿って来た姿を想い起こしながら小さい子と触れ合い、そのころの友だちと旧交を温め、近況を語り合う。このOB会は、互いに刺激とエネルギーを与え合う機会なのかもしれません。

参加するために、東京や大阪などから帰って来る子や、集合場所の駅や会場に、突然現れる子もいます。「お久しぶりです」と、りっぱな青年や美しいレディーに目の前で名乗られると、記憶の中の子どもの姿と重ね合わせるのに時間がかかります。が、そんな子どもたちの近況を聞きながら昔の面影を探すのは楽しみなことでした。

昭和六二（一九八七）年、小学校三年生の女の子ふたりが始めた「お泊り合宿」を発端として、ののはな園を卒園した子どもが集まる「ＯＢ会」は延々と続きました。

小学校、中学校、高校、そして成人となっても引き続いて出席している参加者の中には、結婚して子どものお父さんやお母さんになっている卒園児もいます。

引率の手伝いをしてくださる宜くんのお父さんは、わが子が六年生のときから引き続き毎年参加してくださっています。三〇歳代で参加し始めて、今では五〇歳代の愛ちゃんのお父さんに、感謝の言葉を伝えると、話してくださいます。

「一年に一度、小さな子どもたちと触れ合えるのは、僕のリフレッシュの場のひとつなんです」

「休暇届けを出す度に『いつまで保育園の手伝いをするんか。もう子どもは結婚しただろう』と言われるけど、ここに集まる子どもたちの成長が楽しみなんよ」と、宜くんのお父さんも言われます。

この会は、子どもたちも保護者も、過ぎ去った昔に、懐かしい思い出の中に戻れる場所だったのでしょうか。

ののはな園が閉園した平成一八（二〇〇六）年以降も、それまで通りに六年生になった子どもと、そのお母さんたちの力でOB会は続いていました。が、閉園の年に小学校に入学した子どもが、平成二四（二〇一二）年には六年生になりました。

卒園した子の多くは社会人になり、結婚して父や母になり、それぞれに日常も煩雑になっているのでしょう。会に参加するひとは年々減っています。そろそろ、保育園のＯＢ会は終わりのときでしょうか――。

そんなことを思っていたのですが、閉園のときに保護者会の会長だった美由紀さんを中心に、数人の保護者の方たちのお力で、元号が令和と変わっても続けてくださっています。感謝の言葉もありません。

8　初夢、その前後

平成八（一九九六）年のお正月。開園二五年の節目が過ぎました。子どもたちとの生活に終止符を打とうと決心してから、もう五年です。当時、一年だけ頑張ってみようと思っていたにもかかわらず、保護者のみなさんや、力を貸してくださる保母さん方の大きな力添えや激励で、二年になり三年になっていきました。

すっかり自信を失っていた私は、嵐のときを忘れたかのように、必要とされている間は自分にできるだけのことをしていこう、と子どもの中に埋もれて過ごしています。そんなことで、ののはな園は以前と変わらない安穏な日々を取り戻していました。

が、一年いちねん経つごとに歳を重ねて、私は五二歳に、父は八三歳、母は七九歳になっています。私はともかく、両親は身体のあちらこちらに故障箇所が増えてきています。

父は、体の具合が悪くなるたびにかかりつけ医院の先生に言っていました。

「長いこと使っとると、多少はあちこち故障も出ますわぁ」

言葉通り、若いころの胃潰瘍の手術以来、ずっと内科を受診していた父には、内科のうえに泌尿器科が加わりました。比較的元気だった母も、高血圧で内科に、膝関節痛で整形外科にと、通院の頻度も高くなってきました。両親はそれぞれに異なる病院へ通院します。

「もう、私は、いっつもお父さんの世話ばっかりせんといけん。お父さんは昔っから病気ばっかりしとったから」

愚痴を言ったり喧嘩したりしながらも、母は必ず父の通院に付き添います。父の病院は街中なので、ふたりでバスに乗っての通院です。受診後に、ふたりで外食して帰ることは楽しみのようでもありました。そんな日は、夕食のときに、どこに寄ってなにを食べたか、にこにこ話して聞かせてくれたものです。

母は、自分の通院はひとりで大丈夫と公言しますが、父は必ず車を運転して送り迎えします。そんな状態で、父の通院には母が付き添い、母の病院には父が送り迎えをして、お互いに付き添い合う二人三脚の通院が続いていました。それが崩れたのは、母が七〇歳を少し超えたころでした。

時おり、頭痛や目まいを訴えることのあった母が、よく転倒するようになったのです。庭の花に水遣りをしていて転んだ。棚の上の物を取ろうとして後ろにひっくり返った。二階から階段を転げ落ちた。――そのたびに打ち身や捻挫をして痛がっていました。ときには骨に罅《ひび》が入ることもあります。それでも気丈な母は、日常の生活に手を抜くことはありません。

ある日、母が嘔吐と目まい、耳鳴り、頭痛などの症状を訴えて起き出してきません。それでも、病院には行かなくてもいい、という母を車に乗せて父と一緒にかかりつけの医院へ行きました。

先生は、母にとも、付き添いの私にともなく、呟かれました。

「一度、精密検査をした方がいいなあ。紹介状を書こうか？」

母が返事をする前に、私がお願いしました。その紹介状を持って、気の進まない母を宥《なだ》め賺《すか》して総合病院に行きました。

内科から始まって、脳神経外科、眼科、耳鼻科と次々と回り、さまざまな検査をしました。検査によっては予約が必要なものもあり、なん日もかかります。結果、メニエール病とか言われて、神経内科で薬をもらって経過を見ることになったのです。

このときから母は、毎月一回通院して、また薬を調整してもらう、ということが繰り返されました。私は、母の経過報告をする形で一緒に付き添って通院です。もちろん、父はいつものように母に同伴です。

母の症状は、今にいま命がどうのこうのということではありません。保育園を離れて、親子三人連れだって通院するひとときは、現実を忘れて子どものころに還ったような懐かしさを覚える時間でした。しかし、子どものころと立場が逆転しているのです。そう考えると、付き添いが必要な母に、父の通院の付き添いを任せていて好いものか、と気にかかりだしました。

診察が終わり、三人で食事をしているときに訊ねてみました。

「お父さんの病院に、私もついて行こうか？」

「忙しいのに――。眼科は順番待ちで時間がかかるのよ。私が行くから大丈夫よ。なあ、お父さん」

私への気遣い、というだけでなく、母には、父の付き添いは自分の責任という思いが強かったのでしょう。でも結局、私が車で送っていく役になりました。

そんな状態が数年続き、母の症状も良くなったころです。

眼科と同じ病院の泌尿器科を受診していた父が、夜中に排尿困難で苦しがり、救急で病院に駆け込むことが起きました。冷え込みとともに、その頻度が高くなってきたころ、泌尿器科の主治医が手術を勧めました。

「切ったり縫ったりすることもなく、一週間ほど入院するだけで簡単に済むよ。そのあとは楽《らく》なもんよ。夜中に苦しがることも起こらんし」

でも、父は八〇歳を超えています。高齢が気になっている私の心配をよそに、父は手術を決めました。手術の日は、一二月の初めと決まりました。新しい年は病院に駆け込む心配なく迎えたいという父の心積りだったと思われます。

それが、レーザー手術は、医師が言われたほど簡単なことではありませんでした。術後の父は、看護師さんを呼んでは、なんども苦痛を訴えます。私は、ベッド脇にぶら下がっている尿パックの真っ赤な血尿を見ただけで、気が動転します。母は消灯時間になると仕方なく家に帰りはするものの、眠る間もなく早朝から、また病院に出かけて傍らに付いて居ます。兄や嫂の輝子さんも心配して、仕事の行き帰りには病院に立ち寄ります。

そんな周りのひとたちに心配をかけまいとしているのか、父は苦しがりながらも、「大丈夫だよ」とみんなには、いつも笑顔を向けます。

静脈注射の針がなかなか血管に入らず、汗して謝っている若い看護師さんにまで、励ましの言葉をかけます。

「心配いらんよ。よう練習したら注射の名手になれるからな」

父のことは当然ながら、病院と家を行き来する母も心配です。私は、保育園の子たちの午睡時間と、仕事を終えた夜とに病院に行き、消灯時間になると母と一緒に病院を後にしました。そんな毎日が一週間ほどあって、やっとひと安心したころ、ベッドの枕元に取り付けてある主治医の名前が替わっていました。

父には下腹部に動脈瘤があり、泌尿器科での手術の前から医師の間で問題になっていたようです。それで、泌尿器科での手術がひと山越えたので、動脈瘤の検査をするとのことで、主治医が外科の医師に替わっていたのです。

その外科の医師から、動脈にカメラを入れて内側を検査する、と言われ、母と兄と一緒に、内視鏡検査とその結果によって行なわれる手術の説明を聞きました。

現代の医学では、こんなことまで出来るものなのか。ひとは、こんなことをしても生きていられるのか。驚嘆と恐怖の大手術です。

説明を聞いたあと、内視鏡検査の同意書に署名を求められましたが、私には署名なんて、できませんでした。状況を見守るしかありません。

内視鏡検査のあと、父は一日中ベッドから動かず、食欲もありません。ずいぶんしんどかったようです。検査の結果、動脈瘤は八センチあり、いつ破裂するか分からないと、手術を勧められました。心配そうな母、そして兄と相談しました。

「お父さんには、もうこれ以上しんどいことは無理だよなあ」

次の日、父と母に代わって私は、もう少し様子を見たい、と手術を断りました。なにがあっても責任は持てない、と医師から言われましたが、そのときは運命と諦める、と言って両親を見ました。ふたりとも頷いています。

その後のCT検査で、動脈瘤はこのまま放置していても当分は大丈夫だろうということになり、やっと落ち着きました。

母と私は嬉しくて子どものように燥《はしゃ》ぎ、さっそく近くの百貨店に行って、父が退院後に羽織る半纏を買ったものです。退院は、その二日後でした。(因みに、父は九二歳で黄泉に旅立ちましたが、動脈瘤は最後まで異常ありませんでした)

我が家にとって、こんな大騒動の直後が平成八年のお正月だったのです。保育園は一週間のお正月休みです。

お正月休みには、炬燵に入って子どもたちの成長の姿を確かめたり、ゆったりと越し方行く末に思いを巡らせたりしているうちに、頭の中にだんだん靄がかかって、いつの間にか、うとうと夢の世界に入っている。そんな状態が毎年のことでした。けれどこの年は、父の退院から一週間足らずで迎えたお正月です。格別、ほっとひと息の、解き放たれた休みです。

目の前のことに精一杯だった私、骨身を惜しまず頑張ってくださっている保母さんたち。園のことを我がことのように力添えしてくださる保護者の方々、そして子どもたち。そんなひとたちに思いを巡らせていると、心の奥底に畳み込んでいる、閉園しようと思ったことなども、じわじわ滲み出てきます。

そのうち睡魔に引き込まれそうになったとき、思いました。

「もう少し広いお庭があるといいのになあ――。お隣から譲り受けた建物が、渡り廊下で繋いでいるホールが、あの空間が広場だったら、どんなにいいかしら。あの建物の一角を取り壊すと、お庭ができるんだけど――」

お正月に、夢見心地で思ったことなので、初夢だったのかもしれません。なにか、ご褒美のような気もしてきました。なにに対してのご褒美なのか分かりませんが、そんな気がしました。いろいろなことがありながらも引き続いて存続している保育園に対してのご褒美なのでしょうか。保育園を取り巻いて周りで支えてくださっている保母さんたちや、保護者や子どもたちに対してなのでしょうか。もしかすると、私自身に、だったのかもしれません。なにはともあれ、もう少し広いお庭ができたらいいなあ、と思ったのです。

ののはな園の庭は、開園したときには家の周りの僅かなスペースでした。

隣家が引っ越してからホールを兼ねた保育室は増えましたが、庭は家の周りをぐるりと取り囲む形で増えただけです。それでも、子どもらたちは変型の庭だからこそできる、かくれぼや缶蹴りで楽しそうに遊びました。そんな子たちを眺めながら、もっと伸びのび遊べる広いお庭が欲しいなあと、いつも思っていたのです。

両親との夕餉の語らいのときに話しました。渡り廊下で繋いだ建物の一角を取り壊すと、お庭ができるんだけど、と。

一笑に付すだろうと思っていた予測に反して、父が後押ししてくれました。

「ちょっと、青田さんに相談してごらん。するんなら早い方がいいよ。なぁ、お母ちゃん」

青田さんは出入りの建築業者さんです。夢見心地に空想して楽しんでいたことが、急に、現実味を帯びてきました。早速、青田さんに電話しました。

青田さんが持って来た青写真を父と母と一緒に検討して、大体のことが決まりました。工事は、三月の卒園式の終了後に開始、工期は二か月ほど。

あっという間に三月になり、卒園式が終わりました。保育室兼ホールとして一一年の間使用し、繰り返し卒園児を送り出して来たホール。そこでの最後の卒園式でしたが、感傷に浸る間もなく、工事が始まりました。

子どもたちの声が賑やかに響き渡っていたホールは、大きな音と土煙をあげて崩れるように取り壊されていきます。

土煙を抑える放水を眺めながら、今まで生きて来た自分の一部を取り壊しているような痛みと、「これで、本当にお庭ができるんだ」と、心の底から湧いてくる昂りとが入り混じって、茫然と立ち尽くしていました。

それからは、トントンカンカン、グゥエェーンと槌音と電動鋸の音を聞きながら期待いっぱいに完成を待つ日々でした。五月に入ったころ、やっとホールの改修が終わりました。

待望のお庭は五〇坪少々、畳にして百畳ほどのものです。けれど、狭いながらもなんとやら。子どもたちはみんなで三〇人、二歳以上の子は二〇人ほどです。その子らにとっては、広いひろいお庭に見えたことでしょう。子どもたちは登園するとすぐから、夕方暗くなるまでお庭で遊びました。

保護者の方たちも、「お庭ができたDAY（お庭ができたでぇ）」と称したお祝いの闇鍋パーティーを催してくださり、みんなで一緒に喜び合いました。

それから、一か月もしないうちに真夏の暑さがやってきました。

以前、プールを取り出すたびに、「どうせ買うなら大きい方がいい」と安直に求めたプールで、ずいぶん肩身の狭い思いをしたものです。大きなプールが狭い庭の大部分を占めて、庭での活動はおろか、保母さんたちが動くことさえ不自由だったのです。けれど、お庭が広がった今、あんなに後悔した大きなプールは、ちゃんと庭隅に収まって、プールも私も胸を張っています。歓声と水飛沫を挙げている子どもたちの表情は、以前も今も、少しも変わりありませんが。

お庭が広がって、夏祭りは大きく様変わりしました。

それまでの夏祭りでは、建物と建物の間の細長い庭の両側に、子どもの店や保護者の模擬店が肩を寄せ合って並び、保育園の子や保護者、お祭りに来てくださった近隣のひとや子どもらで、ごった返していました。

それが、お庭の真ん中に櫓《やぐら》がデンと据わっています。取り壊した保育室の床材や柱を使って、萌ちゃんのお父さんが作ってくださった櫓です。

その櫓から四方に広がった提灯の下に、子どもたちの金魚屋、ヨーヨー屋、おもちゃ屋などの店が並びました。縁日風に工夫を凝らしたお母さんたちの食べ物の店も並んでいます。ひと区切りしたころ、子どものお父さんが櫓の上で太鼓を叩き、櫓のまわりに輪になった子どもたちが盆踊りを始めます。その輪にお父さんお母さん、お祖母ちゃんたちが混じり、近所のひとたちも加わってくださって、盆踊りは盛り上がります。

祭りの最後は、忙しい時間を割いて集まっては練習してくださったお父さんたちの和太鼓です。それはそれは息の合った迫力満点の演奏で、近隣の人たちも楽しみにしておられ、保育園の門は開け放しです。それでも、お庭全体が見通せるようになって、店から店へと渡り歩く子たちを見守ることができ、ずいぶん楽になりました。

楽になったといえば、なんといっても秋の運動会です。

歩いて一〇分ほどの所にあるK施設の庭をお借りして行なっていた運動会が、毎日遊んでいるお庭で出来だしたのです。練習のたびに、跳び箱、マット、平均台、玉入れ台などなどの大きな運動器具をリヤカーに積んで運ぶこともなくなりました。

ののはな園の運動会は、三〇人少々の子どもたちと保護者全員が紅白に分かれて勝敗を競う親子運動会です。新しく出来たお庭が少々狭くても、応援席は要らないほど全員が競技者なのです。

お庭ぎりぎりにコートを引きました。子どもにとっては程々のコートですが、大人の目にはとても小さなコートです。その狭さが、大人へのハンデになるのです。なにしろ、走るにしても、どんな競技をするにしても、大人が全力を出す暇がないほど狭いのです。

四、五歳の子たちは、練習のときから勝敗を競って一つひとつの競技に全力投球です。勝てば飛び上がって喜び、負けると涙を流して悔しがります。勝敗などのなんの意識もない小さい子の遊びのような競技にすら、声を嗄らして自分の組を応援します。

毎日、子どもから、「今日は勝った」、「今日は負けた」と聞かされているお父さんやお母さんは、運動会当日は、ここ一番、我が子の組の勝利のために精一杯の力で貢献しようとします。誰ひとり、たかが子どもの運動会などと思う人はいません。私たちが考えたハンデに屈せず、さまざまな競技で健闘してくださり、子どもと一緒に一喜一憂です。

子どもらは、毎日世話をしている兎のぴょん太や、亀の亀吉も運動会に寄せてあげたいと言い出しました。ぴょん太はトンネルの中を、亀吉は両脇に柵のある道をゴールまで進むというものです。ぴょん太と亀吉のどっちが自分の組になるか、じゃんけんで決めました。

運動会当日、紅白のリボンをつけた兎と亀を取り囲んで、みんなはコートの中央に集まりました。声を限りに声援する子どもらの思いに反して、ぴょん太も亀吉もなかなか動き出しません。亀吉は少し動いただけでゴール地点までは到達せず、ぴょん太は真っ赤なトンネルが怖くて動かず。結局、時間切れで引き分けました。

そんな運動会を終えた晩秋の日のことです。

近所のお百姓さんからお誘いを受けて芋掘りに行きました。そのお百姓さんから、落葉で焼いたさつま芋は格別おいしいと聞かされました。それで、「保育園でも、落葉で焼き芋をしようね」と子どもたちと話しました。それからは庭の落ち葉を掃き集めては、少しずつすこしずつ溜めました。

そして今年も残すところ数日となった一二月二五日。焼き芋の日です。子どもたちがお庭に出て来る前に準備をしておこうと、掃き溜めた落ち葉を庭の真ん中に運んで山のように積み、落ち葉の中に新聞紙を挟み込んで火をつけました。

ところが、新聞紙が燃え尽きても、落ち葉は煙を吐きだすだけで燃えあがりません。焦っているところに、子どもたちが出てきました。いくら焦っても、落ち葉はもくもくもくもく煙を吐くだけです。保母さんたちも加わって落葉と格闘しました。

庭いっぱいに煙が這い広がったころ、やっと、湿っていた落ち葉が燃え出しました。ほっとして、子どもたちを振り返ると、みんな、落ち葉が吐き出した煙の中で、私と同じように、ほっとした表情で涙や鼻汁を拭っています。そんなこんなで、なんとか焼き芋の日が終わり、いつものように夕食を誘いに来てくれた母と一緒に、隠居に帰りました。

食事しながら、煙の中で格闘した焚き火の件を話し、これが煙の中で鼻汁をすすりながら焼いたお芋よ、と持ち帰った焼き芋を勧めました。

父も母も大笑いしながら聞き、父は、「大変だったなあ」と笑いながら食べ、母は少し食べて、「あとは、明日食べるわ」と、残りをお皿に置きました。

翌日、平成八年一二月二六日の早朝、広瀬町に住んでいる兄が会社の行きがけに、嫂のつくった食事を持って隠居に寄りました。

ところが、母が起き出して来ない。そこで初めて息をしていない母に気づいたのです。兄は慌ててかかりつけ医に電話を入れ、父は腰を抜かさんばかりにして、私を起こしに来ました。

「大変だぁ！　お母ちゃんが冷たくなってる！」

なにひとつ前触れなく、虫の知らせもなく、突然、母は逝ってしまいました。お皿に焼き芋を半分残したまま――。

お庭ができて様変わりしたいろいろな行事を見届けた母は、安心して彼岸に旅立ったのでしょうか。

急性心不全と診断された母は、八二歳でした。

9　ぴょん太と長さん

平成八（一九九六）年、お隣から譲り受けた建物を一部分取り壊してお庭をつくりました。お庭からホールに出入りできるようにテラスをつけて、以前からあった保育室とも鈎の字に繋ぎました。

保育園の門扉は、庭を囲んでいる白いフェンスの一角です。フェンスの向こうに広がった田んぼは、ホールからもお庭からも見渡せるようになりました。

そんな格好に改修したお庭を、兎のぴょん太が走っています。

ののはな園には、ぴょん太が仲間になる前に、クロという名前の、体が黒く、目が赤いミニ兎がいました。

みんなで世話をして、かわいがっていたクロでしたが、中秋の名月でお月見会をした翌朝、ケージの中で死んでいたのです。兎当番の子と保母さんとでラビットフードを与えようとしたとき、クロが動かないので気づいたのです。

突然のことに驚いた子どもらは、口々に話します。

「昨日はラビットフードをカリカリ食べとったのにー」

「分かった!! 昨日はお月見じゃったから、クロは月に帰ったんじゃ!」

「お月さまで、お餅を搗かんといけんもんなあ」

「あっ! もしかして、神さまのために火の中に飛び込んだんと違う?」

「えぇっ、そんなん! クロがかわいそうじゃぁー」

「かわいそうなクロじゃ。お葬式をしてあげんといけん!」

子どもたちの話を聞きながら、時おり読み聞かせていた本の中のお葬式の場面が浮かんできました。

「誰がコマドリを殺したの」という、マザーグースの詩の本です。早速、その本を探して来て、みんなの前で読み始めました。

読んでいるうちに、お葬式は出てきますが目の前の兎のクロの死とは繋がらない気がしてきました。そのうえ、難しい言葉もあります。理解できているのかしら、と子どもらの顔を見回しました。突然のクロの死を目の当たりにした子どもたちは、みんな神妙な表情です。

ひとりの子が、コマドリのようなお葬式をしようと言いました。それなりに、詩の雰囲気を感じたのでしょう。

大きい子らと一緒に本を見直しながら、お墓を掘るフクロウの役やお付きのヒバリの役、亡骸を運ぶトンビの役など、分かり易い役だけ決めました。子どもたちは順番にクロの亡骸に掌を合わせたあと、行列して休耕田まで歩き、クロを埋葬しました。

クロの死は子どもにとって大きな衝撃だったようで、それぞれに家に帰って、この日の出来事を詳しく話したそうです。

しばらくして園児の愛ちゃんのお父さんが、知り合いのところで生まれたという真っ白な兎を貰ってきてくださいました。掌の中にすっぽり収まるほどの、乳離れしたばかりのミニ兎でした。

「うわあぁ、かわいい」

「ちっちゃいねぇ」

「まっ白！　雪みたい」

ケージのそばから離れない子らに「抱っこする？」と問うと頷きながら、ズボンに擦《こす》りつけて拭《ぬぐ》った手を差し出します。順番に恐るおそる抱っこした子は、嬉しそうに肩をすくめてニコッと笑顔を見せます。

「身体が温かいねぇ」

「ふかふかぁー。気持ちいいー」

子どもたちは、その小さな兎に「ぴょん太」と名前をつけました。

ぴょん太はみんなにかわいがられながら大きくなり、自分が兎だなんて思ってもいないようですし、子どもらも仲間のように思っています。

ぴょん太は、園庭ができる前には家の周りをぐるりと取り巻いていた以前の裏庭の一隅にいました。当番の子がケージを掃除するたびに飛び出し、四畳半ほどの裏庭を走り回り、濡れ縁の下に隠れます。ときには、出入り口や掃き出し窓から保育室に入り込んで部屋の隅に潜んでいることもあり、半ば放し飼い状態でした。

それでも、夕方になって名前を呼ぶと、どこからともなく出てきてケージに入ります。なかなか入らないときには、「ぴょん太、ハウス！」と言うと入るので、子どもたちは、ぴょん太は英語が分かる、と感動したものです。

そんなぴょん太が、広くなったお庭を、今まで見たこともないほど高いジャンプを繰り返して嬉しそうに疾走しています。お庭が出来て喜んだのは、ぴょん太も、ののはな園のみんなと同じだったのでしょう。

ぴょん太は、当番の子がケージを掃除する朝から、みんなが帰り支度をする夕方まで庭に出ていて、自由に走り回っています。庭隅に掘った穴に隠れ

ていることもありますが、だれかが庭に出てくると撫でてもらいに寄ってい
きます。殊に、父が門扉を開けようとすると、どこで見ているのか、必ず飛
び出して行って足元に縺れます。

園のすぐ近くにあるわが家では、お庭が出来て半年ほど経ったとき、突然、母が彼岸に旅立ちました。六〇年連れ添った母を亡くした父は、その寂しさを紛らわせているのでしょう、一日になんども保育園にやってきます。そのたびに、ぴょん太は飛び出して迎えます。父も、そんなぴょん太がかわいくて、小さな菜園で丹精込めて作っている青菜をいつも手にしていました。

お庭が出来た次の年、平成九（一九九七）年の晩秋のことです。

いつものように稲穂の垂れた田んぼ道を散歩して、畦道でバッタを捕まえたり、野の花を摘んだりしていると、大きな音をたててコンバインがやって来ました。子どもらは、コンバインやユンボやショベルカーなど働く自動車が大好きです。お百姓さんに「こんにちは」と挨拶して畦に座り、稲を刈っ

ているコンバインを眺めさせてもらいます。

それからまもなく、田んぼ道の両側で黄金色に波打っていた稲はすべて刈り取られ、辺り一面が切り株だけの刈田に一変します。

私たちは待ちかねたように、切り株だけがどこまでも続く稲刈りあとの田んぼに入らせていただき、走り回り、鬼ごっこをし、藁屑を投げあい、落穂を拾って、晩秋の陽を浴びてたっぷり遊びます。

そんなある日、刈田で遊んだ二歳以上の子どもたちが藁にまみれて帰ってきました。二、三歳の子たちは、ふたりの先生に付き添われて手を洗い、部屋に入りました。四、五歳の子らは賑やかにお喋りしながらお互いに服を払い合い、手を洗ってお部屋に入って行きました。

留守番をしていた私は、出迎えた子どもらが部屋に入るのを見届けて、静かになったテラスを片付けました。子どもたちは散歩のたびに、なにかしら手に持って帰って来ます。そんなエノコロ草や野菊を空き瓶に挿して、珠数玉や落穂を箱に収めていると、大きい組担任の鈴子さんが出てきました。お部屋に入った子どもたちが落ち着いたのでしょう。

がっしりした体格の鈴子さんは、明るくてよく気がつき、いつもシャキシャキと小回りよく動きます。

彼女は庭に散らばっている藁屑や枯れ草を掃き始めました。鼻歌まじりだった彼女が、突然、大きな声を上げました。

「あっ！　あれは、なにですか？」

フェンス越しに、はるか向こうまで広々と見渡せる刈田を見ています。

「あれって？　どれ？」

「あれですよ！　あそこ、あそこ！　大きな茶色い鳥が見えるでしょう！あっ、用水路に下りました」

鈴子さんが指差す先を、目を凝らして見ましたが、私にはなにも見えません。彼女の視力の良さは格別です。山道を歩いているとき、からす瓜を一番に見つけるのは鈴子さんです。その彼女が、刈田を茶色の大きな鳥が歩いていた、と声を高ぶらせて言うのです。いくら言っても通じない私にじれて、見たものがなになのか、見極めようと思ったようです。

「ちょっと、私、見てきてもいいですか？」言うや否や、持っていた箒を投げ捨てて、走って門を出て行きました。

門を出て田んぼ一枚向こうは、水の無くなっている用水路です。そこまで走って行った鈴子さんは、用水路の中を、そーぉっ、と覗いています。と、振り返って目を大きく見開いて、手招きしながら、また、走って帰ってきました。

「鶏です！　用水路の中に鶏がじっと座っています。捕まえましょう！」

興奮気味の鈴子さんの、勢い込んだ迫力についていけない私は、生返事をしました。腰を挙げそうにない私ではだめだと諦めた鈴子さんは、大急ぎで子どもの部屋に向かいました。

「晴くんと一緒に行ってもいいですか？」と言いながら。

晴くんは、子どもたちの中では一番年齢が大きく、いざというときには頼りになりそうな、たくましい体格の男の子です。

みんなの中から自分ひとりだけ指名された晴くんは、ちょっぴり得意そうな照れ笑いを浮かべて部屋から出てきました。

そして、なんのことか分からぬまま、張り切っている鈴子先生の勢いに呑まれたように、一緒に門を出て行きました。

いつの間にか、鈴子さんは長い柄の魚とり用の大きな網を手に持っています。自分も行けばよかったかなと思いながら、私は庭のフェンス越しに出て行ったふたりを見ていました。

幅の狭い道路と田んぼとの間にある用水路には、車が交差するときの車寄せに、所々にコンクリートの蓋がしてあります。その用水路の蓋の手前で、鈴子さんは晴くんになにやら話しています。晴くんは頷きながら用水路に下りました。見えるのは、もう晴くんの首から上だけです。

大きな網を持った鈴子さんは、用水路の蓋の上を六、七メートル向こうまで歩いて、晴くんが下りた反対側で用水路に下りて、姿が見えなくなりました。

しばらくして、「ガァー、ガァッガァーッー」とけたたましい鳴き声と、晴くんの「うわぁー」と叫ぶ大きな声が響いてきました。次の瞬間、立っている晴くんの目の前から、大きな鶏が羽をバタバタさせながら刈田の上へ飛び立ちました。

用水路に潜っていた鈴子さんは「そっち、そっちに行ったよ！　そっち、そっち!!」と叫びながら出てきました。出てきたと思うと、屈めていた腰を伸ばす間もなく、素早く用水路から田んぼによじ登り、飛んでいる鶏の後を追います。

「そっち、そっち」といくら叫ばれても、びっくりして立ちすくんでいる晴くんは、用水路の中から動けません。

今まで、鶏は地面を歩くもの、と思っていましたが、なんと、私の少し向こうで鶏が空を飛んでいるのです。バタバタッ、バタバタッ、と空を飛んでは田んぼに降ります。その鶏に向かって鈴子さんの振りかざす網がなんども空を斬っています。飛んでいた鶏が、なん回目かに田んぼに降りた瞬間、鈴子さんの振りかざしていた網が鶏の上に被さりました。

ついに鶏をと捕らえたのです。

「晴くーん。こっち来てぇ。ここを押さえててぇー」

立ち尽くしていた晴くんは、やっと田んぼによじ登りました。鈴子さんは、近づいてきた晴くんに、鶏に被せている網の柄を持たせました。それから鶏の側に寄り、両手で羽を挟むようにして網の中の鶏を捕まえました。バタバタしていた鶏がおとなしくなったとき、鈴子さんと晴くんは、ふたり同時に、庭で見ている私を振り向いて、にこっ、と満面の笑みを送ってきました。

そして、鈴子さんは網に入ったままの鶏を抱き抱えて、晴くんは網の柄を持って、意気揚々と帰ってきました。

あっけにとられて見ていた私は、はっ、と我に返りました。

「鈴子先生と晴くんが、鶏をつかまえてきたよぉー」

大きな声で奥の部屋に居る子どもたちに向かって叫び、大急ぎで鳥籠を取りに行きました。

私が物置から大きな鳥籠を探してきたとき、網に入ったままの鶏を抱えた鈴子さんと、網の柄をもったままの晴くんは、みんなに取り囲まれていました。まだ興奮が冷め切れない晴くんは、感動したような、呟くような口調で、ボソボソ話しています。

「びっくりしたわぁー。僕のすぐ前で、この鶏が大きな声で鳴いて、空に飛んで行ったんよぉ。すぐ僕の目の前を飛んだんじゃからぁー。鈴子先生はすごいでぇ。空を飛んどる鶏を追いかけて網でとったんよ！」

子どもらは、「すっごぉ」とみんな同時に鈴子さんを見ます。驚異と尊敬の眼差しを向けられた鈴子さんは、気恥ずかしそうです。

「昨日までこの鶏は、稲の間に隠れてたんじゃない？　隠れる所がなくなって、きっと疲れていたんよ」

そう言って、鶏の羽をやさしく押さえるように持って鳥籠に入れました。子どもたちは安心したように鳥籠のそばに寄って、興味津々に鶏を眺め、口々に話しだしました。

「この鶏の羽は汚れとるなあ」

「白色じゃないよ、茶色の羽なんじゃなあ」

「黒い羽もあるよ。うわぁー、紺色もあるで」

「頭の上の赤いのが、痛そうじゃわぁー」

「この鶏、本で見たよ」

「これはチャボ言うんよ。おばあちゃん家で飼ってる。卵を生むんで」

「そうなん。卵を生むん？」

子どもらの会話を聞いて、鈴子さんは図鑑を取りに行きました。その途中で私を見て言います。

「どこかの家で飼っていたのが、逃げたのでしょうか？」

よく見るとその鶏は、鶏冠も羽もくたびれ切った姿ですが、尾羽と大きな鶏冠から見て、雄鶏《おんどり》のようです。子どもが言うような卵は期待できません。

鳥の図鑑からチャボを探し出した子どもたちは、捕まえてきた鶏と見比べて、妙に感動していました。

「わぁ、ほんとう！　本の鶏と一緒じゃー」

大捕り物の末に捕らえられた鶏は、籠の中では比較的静かでした。少し落ち着いたようなので餌を与えようと、小鳥の餌を容器に入れて持ってきました。

でも、餌の容器を入れようと手を近づけただけで、中で鶏がバタバタ羽ばたき、怖くて餌を入れられません。なんど挑戦しても、鶏はバタバタ騒ぎ、そのたびに、「わっ、わっ」と思わず声が出てしまいます。その声を聞いて「大丈夫？」と子どもらが寄ってきました。大丈夫よ、と言いたいのですが、全然大丈夫ではありません。仕方なく鈴子さんを呼んで、籠の上の網の部分を少しずらしてもらい、やっと餌の容器を入れました。

鶏はお腹が空いていたのか、すぐ小鳥の餌を啄ばみ始めました。餌を食べてからの鶏は、ずいぶん落ち着きました。

その日、町内会長さんの許可を得て、町内の掲示板に貼り紙をさせていただきました。

――田んぼを歩いていた茶色のチャボを捕まえています。

心当たりの方は、ののはな園までお申し出ください――

次の日から、子どもたちは、家から野菜の切れ端を持ってきたり、庭隅の植木鉢をどかしてみみずを探したりして与えだしました。

「コォーコォーコオー、コォケェーコッコォーー」

大きな声で長々と鳴くその鶏は「長《ちょー》さん」という名前になりました。

危害はなにも無いと思ったのか、じっとしていて美味しい物が貰えるためか、それとも、以前は誰かに飼われていたのか、長さんは次第に穏やかになり、ずいぶん慣れてきました。

貼り紙をしてから二週間ほど経ちました。だれからも連絡はありません。

町内会長さんにも聞きに行きました。

「だれか、チャボのことを聞きに来られませんでしたか？」

「だれもなにも言って来るもんかな。だれかが飼えんようになったから放したんじゃない？　保育園で飼ったらいいが――」

そんな話のあと、長さんは晴れて子どもたちみんなの仲間になりました。子どもの係りの中に「長さんの係り」も加わりました。

毎日みんなに世話をしてもらい、たっぷり餌を食べ、しだいに長さんの鶏冠と肉髭は紅さを増し、毛並みはつやつや輝きだしました。一か月も経ったころには、時おり、庭に放してもらえるほどに慣れました。

「コォーコォーコオー、コォケェーコッコォーー」

長さんは、美しく長い尾羽を格好良く揺らしながら、高らかな声で誇らしげに鳴き、胸を張って堂々と庭を歩きます。

長さんが仲間になる前から園庭を走り回っていた先輩のぴょん太も、長さんを警戒することはありません。長さんの餌をぴょん太が食べに行き、ぴょん太の餌を長さんが啄んでいます。給食の食材のキャベツや白菜の切れ端、リンゴの皮などを貰うと、お互いに向かい合って食べます。

ぴょん太も長さんも、父の持ってくる青菜は新鮮でおいしいのか、父が保育園の門扉を開けていると、必ずそばに寄って行きます。

10　帰ってきた、ぴょん太

稲刈りあとの田んぼで捕まえた鶏の長さんが、ののはな園の仲間になってから五年経ちました。艶めいた真っ赤な鶏冠《とさか》と肉垂《にくだれ》、黄土色から黒へとグラデーションがかかった羽根の輝く胴。漆黒と緑が混ざり合った長い尾羽根。長さんは、とても美しい雄鶏になっています。

毎朝、長さんは高らかな声でご近所一帯に夜が明けたことを知らせます。子どもたちの食事の時間にも大きな鳴き声を響かせます。そのたびに子どもらは言います。

「長さんも、一緒にご飯を食べたいんじゃない？」

発表会や卒園式の途中など、静かな緊張した場面でも、長さんはお構いなし。高らかに長くながく得意そうに鳴きます。そんな、とんでもない場面で鳴くときには、みんなで苦笑しながら鳴き終えるのを待つしかありません。

長さんとぴょん太は、当番の子が小屋を掃除するときには、お庭に出してもらいます。掃除が終わってしばらくすると、長さんは「コッコッコッコッ」と鳴きながら真っ直ぐ小屋に入ります。

でも、ぴょん太はそうはいきません。私たちのすぐそばに寄って来ては足元にもつれて頭を擦り付けて撫でてもらうのを待ちます。が、捕まえようとすると、素早く走って逃げ、追いかけてもらうのを楽しんでいるようです。庭の隅に掘った穴に潜っていることもあり、どこにいるのか分からないときは、「ぴょん太!」と呼ぶと跳び出してくるのです。子どもたちがサッカーやドッジボールをしていると、どこからともなく出てきて、転がっているボールに向かって飛ぶような勢いで走り、追いかけます。遊びを邪魔されながらも、子どもらは笑って仲間にしているようです。そんな日にお母さんがお迎えに来られると、自慢そうに教えます。

「ぴょん太は凄いんよぉ、サッカーができるんよ！」

　ぴょん太を小屋に入れたいときには、「ぴょん太！」と呼んでボールを転がしたり、ラビットフードの入った缶をカラカラ鳴らしたりするとやって来ます。それでも、土の上がいいようで、なかなか小屋には入りません。そんなぴょん太も、お腹が空いたときには自分で小屋に入って餌を食べています。ぴょん太が小屋に入って餌を食べているのを見つけた子は、そぉーっと忍び足で近づいて、さっ、と戸を閉めます。そして、得意そうに叫びます。

「ぴょん太を入れたよ。ぴょん太がお家に入ったよぉ」

　人気者の長さんとぴょん太は、保育園の仲間として、お仕事もします。

「長さんを見に行こうか？　ぴょん太のところへ行こう！」

　こんな言葉で、ぐずっている小さな子も、たちまちご機嫌が回復します。入園したばかりで、泣いて環境の違いを訴えている子も、長さんやぴょん太を見ると、泣くのを止めて、なにやら話しかけてきます。

　大きい子たちは、長さんやぴょん太の絵もよく描きます。ちゃんとモデルの役目もしているようです。

平成一五（二〇〇三）年の三月の始め、ある寒い朝のことです。

目が覚めると、七時を過ぎています。大変です。七時二〇分過ぎには、悠くんと涼くんの兄弟が登園してきます。ふたりのお母さんは転勤して勤務先が遠くなり、早朝よりの保育を頼まれていたのです。

大急ぎで服を着替えて顔を洗い時計を見ました。七時二〇分です。保育園まで走りました。走れば二分とかかりません。ちょうど、保育園の門の前に車が停まったところでした。

寝過ごした素振りを見せないように明るく「おはよーございまーす」と声をかけて、保育園の玄関の鍵をあけて、大急ぎで保育室に入り、子どもたちが登園してくるテラスのカーテンを開けました。もう、悠くんと涼くんは、お母さんに連れられて靴箱の前に立っています。

「タイマーでストーブが点いているから暖かいよ。早く入っておいでー」

「ふたりとも、変わりはありません」

お母さんは子どもも急かせて、挨拶もそこそこに車に帰り、仕事に行かれました。

悠くんと涼くんのふたりは、脱いだ靴を持ったまま靴箱の前で動きを止めて、庭の一点を見つめています。

「どうしたの？　早く入っておいでよ」

ふたりの視線の先に目をやりました。

なんということでしょう。目に飛び込んできたのは、熊のように大きな犬が二匹。目を疑いました。えぇぇっ、どこから入ったの？　大きな犬に怯えながら、辺りを見回すと、そこら一帯に鶏の羽が散乱しています。鶏小屋と兎小屋を覆っていたカバーは引き裂かれて、散らかっています。鶏小屋も兎小屋も戸が引き千切られて、ぐちゃぐちゃに潰されています。長さんもぴょん太も、姿が見えません。

なにが起きているのか、想像するのさえ怖ろしく、全身に鳥肌が立ちました。なにがあっても、悠くんと涼くんを部屋に入れて守らねばなりません。

「えっ、あっ、おっ」なにを言ったのか覚えていませんが、ふたりを引っ張り込むようにして部屋に入れ、強い口調で言いました。

「外に出てはだめよ！　絶対に、お部屋の中に居てよね！」

私は、熊のように大きな二匹の犬に立ち向かわねばなりません。でも、どうやって戦えばいいのか——。瞬間、頭に浮かんだのは、柄の長い部屋箒です。それ以外は、考えられませんでした。

大急ぎで取りに行った箒を手に、武者震いしながら戸を開けて、庭に足を一歩踏み出しました。と同時に、気配を感じた犬は、二匹つづいて門に向かって走って行きました。そして、門扉とフェンスを繋いでいるブロック塀の上に前足をかけ、勢いをつけて跳び上がったと思うと、外に飛び降りて田んぼの方へ逃げて行きました。ブロック塀は、私の背の高さです。一メートル半はあるでしょう。

大きな犬が出て行った途端、全身に張り詰めていた力が一気に抜けました。

萎えた身体で振り返ると、悠くんと涼くんのふたりは窓ガラスに額をベッタリ貼り付けて部屋からこちらを見ています。心配しているふたりの子に対しても、萎えている場合ではありません。もう少しすると、つぎつぎほかの子たちもやって来ます。

部屋に入った私は、悠くんと涼くんの顔を交互に見ながら、なにか言わなくては、と思いましたが、言葉が探せません。ふたりを抱きしめただけでした。お兄ちゃんの悠くんは黙って腕の中でじっとしていました。弟の涼くんがポツリと言います。

「犬が出て行って、よかったねえ」

ふたりは、私が犬二匹と戦うと思って、心配して見ていたのでしょうか。

「びっくりしたよねぇ。大変だったねぇ。さぁ、もう安心。朝の用意をしましょう」

ふたりはなにか言いたげでしたが、仕方なくいつものように鞄から出席ノートを取り出して、ロッカーのある保育室へ鞄を片付けに行きました。

犬が出て行ったお庭からは、なにひとつ物音が聞こえてきません。ぴょん太と長さんがどうなっているのか、大体の想像がつきます。でも恐ろしくて、この目で確かめになど、とても行けません、でも、行かなければなりません。庭に散乱している鶏の羽や、ぐちゃぐちゃに壊されている鳥小屋や兎小屋も片付けなくてはいけません。

早番の先生が出勤してくるまでには、まだ少し時間があります。

ひとりですべてを処理する勇気のない私は、鈴子さんに電話しました。

「もしもし、悪いけど、直ぐ出てきて欲しいの。ごめんなさい」

「えっ！　はい、分かりました。すぐ出ます」

どうしたのですか？　とも訊ねないで鈴子さんは、即、電話を切りました。私の声が尋常でなかったのでしょう。緊急な呼び出しの電話といえば、私の母が突然亡くなった朝以来のことです。なにかがあったと察したに違いありません。

そこへ鞄を片付けた悠くんと涼くんが入ってきました。

「ごめん。お部屋で本でも見ててね、私は外を見てくるから」

ふたりに、そう言って直ぐ、庭に出ました。ぴょん太と長さんは庭隅のそれぞれ離れた場所でこと切れています。涙も出ないほどの衝撃です。

どうして？　なんでこんな事に！　それだけが頭の中でグルグル回っています。頭も身体も働きません。でも、落胆している間はありません。これから、子どもたちがつぎつぎと登園してくるのです。こんな現場を、子どもらに剥き出しに見せてはいけない。私が味わっている今の衝撃を、子どもらに与えてはならない。そんな気持ちで、無惨な姿のぴょん太と長さんの上にシートを被せました。次に、そこら辺りに飛び散った血痕が惨《むご》さを顕わにしている場所も覆いました。

幸いなことに、ホールからは見通せない庭隅が惨場でした。ほっと安心して、辺りに散乱している鶏の羽をかき集めていると、鈴子さんが自転車を飛ばして出勤してきました。電話をしてから一〇分ほどです。猛スピードで自転車を漕いで来てくれたのでしょう。

鈴子さんの姿が見えたと思った瞬間、お兄ちゃんの悠くんが叫びました。

「鈴子先生！　犬がお庭に入ってたぁ！」

それまで、本を片手に部屋のガラス戸越しに庭を見ていた悠くんです。私には、声もかけられなかったのでしょう。きっと私は、鬼のような顔をしていたに違いありません。憤りと悲しみで顔を強張らせて、必死で涙を堪えていたのですから――。

鈴子さんは、悠くんの言葉と私の表情と、お庭の状況を見て、すべてを察したようです。自転車を片付けると直ぐ、お庭に出てきました。彼女と目を合わせた途端に、私の緊張は弛んでしまい、涙が溢れ出してなにも言えません。

そこへ、子どもが登園してきました。

「ここは私が片付けます。子どもたちを見てください」

そう言ってもらって、惨い現場を鈴子さん任せ、私は子どもの受け入れの方へ回りました。

登園してくる子どもや保護者に悟られないよう涙をぬぐい、極めて明るい声で挨拶しながら、つぎつぎに子どもを迎えました。そのうち八時を過ぎ、君子さん淑子さん弘子さんと、保母さんたちも出勤して来ました。

鈴子さんは、なにごともなかったかのような素振りで、少しずつお庭を片付けています。でも、保母さんたちは尋常でない庭の雰囲気を感じとったのでしょう、部屋に入るなり、私に訊ねます。

「なにがあったんですか？」

「朝来たら、犬がお庭に入っていたの」

そう言うだけで、それ以上の詳しいことを話しませんでしたし、話せませんでした。

保母さんたちに子どもを任せて、庭の片付けの応援に入りました。鈴子さんは鼻水をすすりながら、粉々に壊されていた小屋を片付け終えたところでした。

「ぴょん太と長さんはどうしましょうか？　なにか箱がありますか？」

鈴子さんは涙を溜めた目で言います。私は、木の菓子箱を探して来て、中にティッシュを敷き詰めました。ふたりで、鼻をズルズルすすり、涙をぽろぽろ流しながら、変わり果てた姿のぴょん太と長さんを木の箱に収めました。ぴょん太も長さんも、食い千切られて残骸は僅かしか残っていません。もう、こみ上げてくる嗚咽《おえつ》を堪えるのが精一杯でした。

そんな悲しい作業をしながら、子どもにどう説明しようかと考えました。でも、頭の中を大きな犬や庭隅の惨場や、長さんとぴょんたの亡骸などが浮かんだり消えたりするだけで、なにひとつまとまったことは考えられません。

そんな中で、子どもたちが一室に集う、「朝のあつまり」が始まりました。

「今日、悲しい出来事がありました。朝、私が保育園に来たら、ぴょん太と長さんが死んでいました。さっき、鈴子先生が箱に入れてくれました」

そこまで私が言うと、犬を見た弟の涼くんが言います。

「大きな犬が二匹も、お庭に入っとったんでぇ！」

その言葉を聞いた子たちが、口々に言います。

「えっ、犬がやったん？　悪《わる》う！」

「ぴょん太と長さん、可哀想じゃがあ」

「ばっか犬じゃぁ！　犬の奴！」

犬が悪い、犬をやっつけよう。子どもらは犬を激しく非難し始めました。

「そうよねぇ。犬が悪いよねぇ。誰かに飼われていた犬だったのか、赤ちゃんのときに捨てられた犬なのか分からないけど、誰からも餌が貰えないお腹の空いた野良犬だったのでしょう。みんなも魚や肉を食べるでしょう。野菜だって食べるでしょう。魚や肉や野菜も、みんな命があるんよ。みんな誰かの命をもらって生きているんよ」

なにを言っているのか自分でも分からないまま、話していました。

「えぇーー。それで、ぴょん太と長さんは、もう、居らんの？」

鈴子さんは、もうこれ以上は、と思ったのでしょう、子どもの言葉を遮るように部屋の隅に置いてある木の箱を指差しました。

「あの箱の中よ。さあ、これから、みんなでお墓をつくってあげましょう」

ぴょん太と長さんの亡骸が入った箱は、散歩道から少し離れた休耕田の片隅に埋めて、少し大きな石を探して来て置きました。以前、保育園にいたクロのお墓の隣です。子どもたちは花を摘んで来きて、掌を合わせています。

埋葬して帰って直ぐ、保健所に電話を入れました。

「保育園の者です。今日の早朝、塀を飛び越えて庭に入ってきた犬に、兎と鶏が被害に遭いました。最近、この近辺に怖いほど大きな野犬が二、三匹、うろうろしていますので、その犬だと思うのですが――」

保健所のひとは詳しい説明を聞いた後、すぐ車で来てくださいました。野犬がたむろしている場所を聞いた保健所のひとたちは、そこでしばらく待機していて、やって来た犬を捕獲して車に乗せて帰って行かれました。

その日からあと、子どもたちは散歩に出るたびに「ちょっと、ぴょん太と長さんのお墓に行ってもいい？」と、花を摘んでは走って行って、石の上に置いて掌を合わせていました。

なんともやりきれない気持ちを抱いたまま私は、『狼王ロボ』や『ぎざ耳ウサギ』などのシートン動物記を読み聞かせ、動物の生態をそれとなく伝えようとしました。子どもに向かってというよりは、自分が納得するため読んでいたのだと思います。

春になり新しい年度を迎えました。悠くんは卒園して一年生になりました。弟の涼くんは年長組です。

新しい年度を迎えて、地域の小学校区の保育園、幼稚園の懇親会がありました。その会で、隣に座っている幼稚園の園長先生に「兎を飼っている？」と聞かれました。

一瞬、悪夢のような出来事が生々しく蘇って、ぎくっ、としました。なんと答えていいのか、兎がいなくなった事情を話す気にはなれません。

「えっ、えぇー。長く飼っていたのですが、今はいません」

曖昧に答えると、すかさず言われたのです。

「それはちょうどいいタイミングだわ。私の園の兎が子どもをたくさん生んだのよ。いないのならちょうどよかった。ぜひ、貰って欲しいの」

野犬騒動の傷がまだ癒えていない私です。再び兎を飼うなど、そんな心境にはとてもなれません。なにも知らない幼稚園の先生は、兎が幼い子どもの情操教育にいかに素晴らしいかをじっくり語られて、そのあとで言われました。

「まだ小さいので、乳離れしたころに、またお電話しますね」

上の空で聞きながら、ぴょん太と友だちのように触れ合っていた子どもの姿も浮かんできます。

園に帰ってから、兎の件を保母さんたちに話しました。

「子どもたちにも世話をさせたいし、せっかくだからいただきましょうよ。今度は、夜にはケージを家の中に入れて飼いましょうね」

それから一か月も過ぎ、そんな話も忘れかけていたころの幼稚園から電話でした。

「親から離れても大丈夫になったので、子兎を貰いにきてください」

その電話で、明日の午後に、と約束しました。

また兎を飼うことに対して、怖いような、期待するような、複雑な気持ちのまま、次の日のお昼寝の時間になってしまいました。

ほとんどの子が眠ったころ、鈴子さんに声をかけました。

「これから、行ってきます。あとをよろしくね」

「気をつけて行ってくださいね」

小さなひそひそ話だったのですが、年長組の夏ちゃんと浩くんがゴソゴソッと布団から顔を出しました。まだ眠っていなかったのでしょう。少々心細く、落ち着かない気持ちだった私は、ふたりを連れて行くことにしました。

どこに行くのか知らないふたりですが、みんなが眠っている時間に、ふたりだけ連れて行って貰えることが嬉しくてたまらないようすで話しています。

「このことは、秘密よ。だれにも言ったらいけんよ」

「そりゃそうよ。みんなが、ええんかぁ、言うて怒るもんなぁ」

ふたりは唇に人差し指を当てた内緒のポーズをして、車の中で大喜びです。幼稚園に行く途中で兎のケージを買い、これから兎の赤ちゃんを貰いに行く、と話しました。

幼稚園に着いたふたりは、すっかり神妙な面持ちです。

幼稚園の先生は、夏ちゃんと浩くんを、兎を選びに連れていきました。それからしばらくして先生は、たくさんの兎の中からふたりが選んだという兎を抱いてきて、私に手渡されました。両手を合わせた中にすっぽり収まるほどの小さくて暖かい兎を抱いたとき、兎を飼うことに対する躊躇《ためら》いは消えていました。

私たちが保育園に帰ると、待ちかねていた鈴子さんがケージに入った兎を、ホールの片隅の机の上に置いてくれました。その兎を、保母さんたちが代わるがわる見に来て間もなく、子どもたちがお昼寝から起き始めました。

大きい子たちは、お昼寝から起きるとホールの前のテラスを通ってトイレに行きます。私はホールで子どもたちを待っていました。

「おはよー、よく眠った？　おやつが待ってるよ」

そんな声をかけていると、涼くんがやって来ました。にこにこっ、と私に笑顔を向けた瞬間、大きな声で叫びました。

「うわぁ！　ぴょん太が帰ってきたあー」

私の後ろに置いてある兎のゲージが目に入ったのです。それからは、大騒動です。

トイレに行きかけていた子も、まだお布団を片付けていた子も、みんなが集まってきました。

「わあぁ、ほんとじゃぁ。ぴょん太が帰ってきてくれて」

「よかったなあ。ぴょん太じゃあ」

「なんか、ちょっと小さくなって帰ってきたなあ」

「そりゃぁそうよ。天国から帰ってきたんじゃもん」

「かわいいなあ。よかったなあ」

感動している友だちの嬉しそうな様子を見て、夏ちゃんと浩くんは目で笑い合っています。

ふたりは秘密をしっかり守って、幼稚園から貰ってき兎だなんて、決して言いませんでした。

11　父のこと、母のこと

平成一五年三月に兎のぴょん太と鶏の長さんが野犬に襲われた騒動のとき、骸《むくろ》を箱に入れながら必死で悲しみを堪えていたときです。一瞬、頭を過ったのです。

父を見送った後でよかった。父が知ったら、どんなに気落ちしただろう、と。

実は、この一か月前、二月二〇日に、父が九二歳で黄泉に旅立っていたのです。

父は、母が突然逝ったあとの、どうしようもない寂しさを、ぴょん太と長さんからどんなに慰められ、救われてきたことか――。ほんとうに、父が知らなくて良かった。

振り返ってみると私は、ぴょん太や長さんのように母や父の心を癒したり、救ったりすることもなく、ずっと応援してもらい、援けられ、支えられ続けてきたように思います。なかでも開園間なしのころ、人手がなくて窮していた私を援けるために、我が身を厭わず真庭郡から駆けつけてくれた母のことは忘れられません。

このときの母の援けがあったからこそ、ののはな園の三四年余りがあったのだと、つくづく思えます。

この機に、隠居に帰って来てからの父と母の姿を思い返してみようと思います。

父の退職で、赴任地から両親が保育園のそばの隠居に帰って来たのは、昭和五三（一九七八）年。父は六五歳、母は六二歳。ふたりとも、まだまだ元気でした。

父は、住み始めた隠居の台所や物置に棚を付けたり、庭にブロックで囲った小さな菜園をつくったり、飛び石を埋め込んだりなど、コツコツと隠居を住みやすくする作業をしていました。いつの間にか、庭の蛇口の傍らには蹲まで据わっています。

その蹲に鹿威しをつけようと思ったようですが上手く出来なかったのでしょう、今でも勝手口近くに作りかけの鹿威しが置いてあります。今となっては、父の苦心の作は、捨てるに捨てられません。菜園は今、私が細々と野菜を育てています。

とにかく、よくぞまあ、こんなに身体が動くものと思うほど働いたのだと思います。そんなことを話すと、父は笑って言ったものです。

「なあに、いっぺんにするんじゃないもん。ぼつぼつ、ぼつぼつ、暇ひまをみて楽しんでしとるんじゃから、大したことはない」

言葉通り、根を詰めて働いているようではありませんでした。退職するまで勤めていた岡山駅前の会社に出かけて行って、親しかったひとたちと会って話したり、囲碁を打ったりして帰ってくることもよくありました。また、山陽新聞社主催の囲碁大会などがあると関西棋院のプロの棋士の棋戦を見に出かけて行き、本因坊戦記念や橋本宇太郎などの署名入りの記念扇子を持ち帰っていました。

自分のことを自慢気に話すことのない父でしたが、囲碁は若いころから強かったらしく、父の本箱の上に囲碁大会で貰ったトロフィーや扇子がたくさん残っています。囲碁大会などに出かけなくなってからも、囲碁の本を見ながら、ひとりで碁盤に向かっていることもよくありました。

父の本箱には、囲碁の本のほかに、中国語の辞書やテキストがたくさん並んでいます。

中国語は、保育園の近くに下宿していた中国人の岡山大学大学院留学生の高宏《ガオホン》さんが中国語の講座を開いたときが始まりです。学費の足しになるのならと、母も一緒に講座を受け始めたのですが、母を始め受講生はだんだん減って、三年ほど経ったころには父だけの個人授業になりました。それで、父と一緒に私も受講し始めました。

そのころ七五歳位だった父は、とても熱心に楽しそうに高さんの講座を受け、高さんも、高齢の父の熱心さに敬意を払ってくださり、笑いの絶えない楽しい講座でした。特に高さんの心を強く引き付けたのは、楽しそうに話す父の岡山弁のようです。

「それ、どういう意味ですか、教えてください」と、高さんにとっては、岡山弁や日本語の微妙な意味合いを尋ねる場でもあったようです。

博士号をとって卒業した高さんは岡山で就職して、二年ほどしてアメリカに転勤になりました。高さんがアメリカに渡ってからは、父の中国語は手紙のやり取りになりました。

高さんから手紙が来るたびに、父は中国語を訳して読んでくれ、嬉しそうに手紙を見せてくれます。それから父は、中国語の辞書と天眼鏡をそばに置いて、ずいぶんの時間をかけて中国語で返事を書きます。書き上がると、私が封筒に住所と宛名を書いてアメリカに送ったものです。この文通は一〇年近く続きました。

　母の方は、父の赴任先にいたころから、津山へお茶のお稽古に通っていて、母にもお弟子さんが五、六人いたようです。私が高校生のころには、広瀬町の実家にも数人のお弟子さんが通って来られ、みなさんと一緒に座敷に座る私は、門前の小僧でした。

　岡山に帰って来てからの母は、津山の先生の紹介で後楽園近くの先生につき、隠居にも近所のひとが二、三人、お稽古に来られていました。蹲は、そんなひとたちと茶事を催すときに、と思ったのでしょう。

　母の本箱には茶道関係の本がずらりと並んでいます。中には擦り切れそうな本や、線が引いてあるものや、書き込みがしてある本なども多く、しっかり読み込んだ跡が見られます。こうして身につけたのでしょう、母は季節きせつのお手前のほか、茶器茶碗、お軸、茶花、塗り物など、なんでも詳しく知っていました。そのうえお茶事のお稽古では懐石料理まで作っていました。

　本箱には、謡本も数冊並んでいます。謡も習っていたようです。自分のことをあまり話さない母でしたが、謡など、おくびにも出しませんでした。それにしても、どこで練習していたのでしょう。

私が母から習っていたお茶とお花のほかは、亡くなったあとで本箱を見て、えっ、と意外な母を知ったのです。そういえば津山で短歌の会にも入っていたようで、遺した数冊の手帳には、短歌がたくさん書かれています。

そんなこんなの習い事を、岡山に帰ってきて楽しんでいたのだと思います。その母は七〇歳ころに膝関節痛で正座が辛くなって、お茶は、ぴたりと止めて、いろいろなお道具も友だちに譲ってしまいました。

でも、甘いもの好きな父に和菓子を買ってきて、お抹茶を点ててふたりで飲んでいる姿は、よく見かけたものです。

こんなふうに、隠居に帰って来た当時の両親はそれぞれにすることがあり、ひと休みすると、保育園のようすを見に来ていたのだと思います。私は仕事が終わると隠居に行き、両親と一緒に眠るまでのひとときを過ごして、保育園の一角にある私の部屋に帰っていました。お互いに、すぐ近くにいることで安心していたんだと思います。

保育園の子が三野公園や半田山植物園などに行くときには、「一緒に行かない？」と声をかけると、なにはさておき、父も母もついて来てくれます。子どもたちがお弁当を広げると、その傍らで、母が有り合わせの物を詰めたお弁当をふたりで食べて、それなりに、楽しんでいたように見えました。そんなときの父は、購入したての大きなビテオデッキを肩にかけて行きます。

みんなのようすを撮影して帰り、子どもたちに見せたり、保護者が集まったときに観てもらったりしていました。当時、一九八〇年ごろには、まだビデオは珍しかったころだったと思います。

ときには、旅行会社のパンフレットを見てふたりで旅行にも出かけていました。

北は北海道から、南は鹿児島まで行ったようです。集合時間が朝早いときには、私が集合場所まで車で送っていきます。そんなとき母は、いつも言っていました。

「お父さん、タクシーを呼べばよかったのに。博子は忙しいのに――」

私に悪いと思っていたのでしょう、帰ってからは土産話をあまりしませんでした。でも、いつもお土産はありました。母が言うには、ためつすがめつ父が選んだ、というブローチやネックレス、伝統こけしなどです。

両親は自分たちの楽しみを味わいながらも、保育園が忙しそうなときや応援があった方が良さそうなとき、行事のときなどには、目立たない所で手を貸し、子どもたちを見守り、応援してくれていました。春や秋の園外での遊び、夏の魚獲りやお泊り保育、冬のマラソン――。特に卒園式には、両親ともに正装で出席して、みんなと一緒に卒園の子を祝ってくれたものです。

それが、いつのころからか、母は晴れがましい行事には頼んでも出席しなくなりました。若い保母さんが揃ったころからのような気がしますし、母自身の健康状態が優れなくなった七〇歳ごろからのようにも思います。

そういえば、そのころ父が白内障の手術をしています。以前、片目を怪我していたこともあり、見え辛くなってきたのだと思います。

片目ずつ、日を置いての手術だったため、かなり長く入院しました。術後がまた大変で、頭の両側に砂枕を置いて頭を動かさないように固定するのです。今のように簡単な手術ではなかったように思います。付き添いの母も、大変だったことでしょう。

退院した父が、久しぶりに保育園に姿を見せたとき、保母さんたちみんなから退院祝いに山高帽をいただきました。「また一緒にお散歩に行きましょう」と言って。

それまで父が被っていた帽子が少し古くなっていたのです。父はとても気に入って、出かけるときも、保育園にやって来るときも被り、お気に入りの帽子となりました。

後年、毎日通院して点滴を受けるようになったときにも、保育園のトンド焼きのときにも、この山高帽を被っていました。

父の白内障の手術に付き添っていた母は、そのころから身体のあちらこちらに不具合が生じてきた父を、サポートする側に回ったものと思われます。

その、めったに保育園にやって来ない母が、保母さんがふたり同時に辞めて私が失意のどん底にいたとき、もののついでのように保育園にやって来て、頑張っている若い保母さんに、「助けてやってぇなぁ」と頼んでいました。その姿を見たときには、なんとも――、申し訳なくて、泣きそうになりました。

父は、日に一、二度は保育園に来ます。そして、赤ちゃん組の陽の差し込む掃き出し窓の柵を背にして座り、小さな子を眺めたり、寄ってくる子を膝に乗せたりしながら、それとなく保育園のようすを見ていたようです。

「もお――、お父さんは。いないと思ったら保育園なんだから。ほんとうに保育園が好きなんだからぁ」と、時おり母から嫌味を言われながらも、家でしようと思うことが一段落すると保育園に来ていたようです。

孫のお迎えを頼まれて保育園に来られたお祖母さんは、あまり出逢うことのない父のことを、理事長さんと呼びます。父は、困ったような笑いで取り繕っていましたが。

　そうなんです。父には理事長さんのように、いろいろな仕事がありました。運動会では、子どもたちの演技や競技を見たあと、優勝の賞状と、カップ、優勝旗を渡す役があります。クリスマス発表会ではサンタさんなり、卒園式には、卒園証書を渡したあと、ひと言、お祝いの言葉も贈っていました。

　そんな行事ばかりではありません。私が付けていた会計帳簿も「領収書を持っておいで、付けてあげるよ」と引き取り、年度末の申告のときには、自分が付けたんだから、と税理士さんの所にも一緒に行ってくれます。

　家を改修して庭をつくった翌年、税務署から帳簿の調査に行かせてほしいと連絡がありました。立ち入り調査なんて初めてです。税理士さんに連絡を入れたあとも、なんだか落ち着きません。そんな私を見て、父が言ってくれました。

「大丈夫だ。間違っていたら教えてもらったらいい。山より大きい猪は出ん」

　若い税務署員は、熟年の税理士さんと高齢の父の立ち合いの下で帳簿を見て、ふたつみっつ質問しました。それを税理士さんが答えて、半日で終了しました。

保育園と直接は関係ありませんが、父は、母を車に乗せて買い物にも行きます。父も母も、いろいろな病を抱えているので、お互いの病院の付き添いも、ひと仕事です。

北海道展や全国うまいもの店などが百貨店で催されているときには、通院の帰りに寄って、お弁当を買って帰ることもありました。暇を見つけては、菜園の世話や庭の草取りもします。

母の方は家で過ごしていることが多く、鈎針で、私のショールや炬燵の上掛けを編んだり、短歌を詠んだりしながら、その合間に、庭の花の手入れをしていたようで、保育園の子どもの中には、稀にしか顔を出しません。でも、その分、父や私と一緒に食べる夕ご飯には手を抜きませんでした。

食事の用意が出来て、子どもたちが帰ったころを見計らって保育園へ私を迎えに来てくれ、みんな揃って食事するのを楽しみにしていました。お迎えの遅い子が残っていると、その子も一緒に隠居に連れて帰って、みんなで夕ご飯を食べたものです。

いろいろありながらも穏やかな日常が壊れたのは、母の突然の死でした。親子三人で和やかに夕食を食べたあと、「おやすみなさーい」と、保育園の一角にある私の部屋へ帰った翌朝、母が冷たくなっていたのです。母が逝ったのは八二歳。そのとき父は八五歳でした。


それからの父は、朝に晩に位牌の前に正座してお経をあげ、そのあと、黙って逝ってしまった母に、その日そのひの出来事を話しかけていました。

「お母ちゃん、今日は寒いよ」、「あけぼの椿が咲いたよ」

「今日も、晃と輝子が来てくれたよ」、「隆から電話があったよ」

きっと、それまでの父と母とは、兄や嫂など広瀬町の一家のことや、松戸に住んでいる弟の一家のことなどを語り合って過ごして来たのでしょう。

私は、そんな父の傍らで過ごそうと、家から着替えだけ持ってきて、隠居で寝起きすることにしました。

それからは、仕事を終えて帰ってくると、子どもたちのようすや出来事を面白おかしく話したり、些細なことで無理矢理笑いを誘ったりして、父と一緒に笑い合いました。でも、一緒に笑い合うことで父を和ませたのではなく、私の気持ちを救っていたのだと思います。

朝、私が保育園に行ってからの父は、中国語の辞書を片手に手紙を書いたり、保育園の帳簿を付けてくれたり、松戸に住む孫へパソコンで手紙を打ったりして過ごしていたようです。ときには、父が勤めていた会社の方が訪ねて来てくださったり、同い年ぐらいの近所のひとが話しに来られて、一緒に囲碁を打ったりもしていたようです。

その日そのひにすることや、思いつくことは違っても、庭の菜園や花を見たあとで保育園にやって来て、兎のぴょん太と鶏の長さんに出迎えてもらうことは変わりありません。そのあと、赤ちゃん組の子の中に座ってしばらく過ごして帰ることも、以前と同様です。

夕方には、父を気遣って嫂の輝子さんが来てくれ、会社帰りの兄も寄って、輝子さんの手料理をみんなで囲みます。疲れている兄は、食後には居眠りをしてしまいます。それでも、体力があるときには「囲碁を教えて」と言い、嬉しそうな父と碁盤に向かい合います。兄なりの、父への労わりでしょう。兄夫婦は、休みの日には父を誘って、たびたび車で出かけてもいたようです。

父の通院には、母に替わって私が付き添って行くようになりました。診察が終わるころには、保育園はお昼寝の時間です。父と一緒に食事をして、ゆっくりゆっくり満開の桜の下を通って帰ったこともありました。

保育園が休みの日には、少し遠くの青空市場までドライブがてら買物に行きます。後部座席には、今まで通り母が座っているような気がしたものです。

そんな、以前とは異なるものの、ちょっと見たところ平穏な日常を取り戻して、二年ばかり過ぎたときです。兄夫婦と一緒に夕食を食べたあと、炬燵に入っていた父が脇腹を押さえて、ここが痛いと言います。

次の日、かかりつけの水川医院に行きました。先生は、丁寧に触診したあとで、「紹介状を書くから検査してもらって来て」と言われました。

総合病院でいろいろな検査をした結果、腎結石との診断です。

水川先生は、「入院するよりは好かろう」と、毎日点滴に通うように言われました。それからは毎日、朝の保育園での仕事が一段落すると、父を医院に送り、点滴の終わるころに迎えに行くということを続けました。

どのくらいの期間、通ったでしょうか。迎えに行くと、父と先生が談笑していいます。点滴を終えて、ひと息ついていたときだったのでしょう。

「先生、もう、そろそろ、石が溶けて出とりはしませんかな？」

「石が出たのが判ったかな？　痛みが無くなったんかな？」

「石が出たかどうかは判りませんが、ずいぶん楽になりました」

それからしばらく経って、点滴を終えたとき先生が言われました。

「今日で点滴は終わろう。調子がおかしいと思ったら、いつでも来てよ、な」

今までにも父は、胃潰瘍、白内障、前立腺肥大、動脈瘤などなどで入院したり、不整脈、高血圧、心不全などで通院したりしてきました。なにがあっても前向きで、意欲一杯に元気を取り戻してきた父です。それが今回の腎結石のあとの父に、なんとなく衰えを感じるのです。

それでも父は相変わらず、ゆっくり歩いて保育園へやって来ます。ただ、迎えに出て来るぴょん太と長さんに持ってきた青菜を与えたあと、しばらく、テラスに座っています。

「どうしたん?」、「ちょっと、しんどかった」

「大丈夫?」、「大丈夫だ。少し休んだら、落ち着く」

そんなことが少しずつ増えてきて、ある日、父が保育園に電話を掛けてきたのです。いつもは、ゆっくりゆっくり、休み休みでも歩いてくる父からの電話です。

「忙しいかな? ちょっと、帰って来てくれるかなあ」

なにが起きたのだろう。靴を履こうにも、手も、足も、指が突っ張って靴がうまく履けません。靴を突っ掛けたまま走りました。

帰ってきた私の顔を見た父は、ほっ、としたように言います。

「ちょっと、苦しい。水川先生へ連れて行ってくれんかな」

急いで車を走らせ、水川医院に駆け込み、状態を話して点滴を受けました。

なにがあっても前向きで肝の据わっていた父が、しんどいと電話してきたことは、小心者の私にとっては大きな衝撃でした。

その事があって、午前中の一、二時間、ヘルパーさんをお願いすることになりました。その手続きにケアーマネージャーさんが来られたときです。

「身の回りのことで、なにか、できなくて困ることがありますか？」

「なんにも困ることはありません。なんでも自分で出来ます」

即答の父です。ケアーマネージャーさんも私も、思わず笑いました。

確かに、父は自分のことはなんでもできます。そのうえに、保育園の帳簿も付けてくれます。園の行事のときには、迎えに行くから待っていてね、と言ってあっても身支度を整えて、休みやすみ歩いて来ます。

ただ、熱が出たり、息苦しくなったりして水川医院に駆け込むことや、往診をお願いすることは多くなっていました。

九〇歳の誕生日のあと、少し歩くと呼吸が荒くなる父に、車椅子を用意しました。「これで、どこまででも、一緒に出掛けられるよ」と言って。

その車椅子が、ときに玄関から庭に出ていることがあります。どうも、私が保育園に行っている間に、自分で乗る練習をしていたようです。動くと息が荒く苦しそうにすること以外は、まこと意欲的な父です。

突然高熱が出たり、息苦しくなったり、尿が出なくてなって苦しんだりするたびに往診して点滴や処置をしてくださる水川先生は、言われていました。「なにがあってもおかしくはない。病院のベッドで寝て過ごすか、最後まで自分の家で、家族の声を聞きながら暮らすか——」

「家で過ごす方が、よろしいなあ」と言い、「迷惑をかけるけどなぁ」と父は私を見ます。私は頷くだけで、なにも言えません。迷惑もなにも、私は父のそばにいて、ただ、おろおろしているだけなのですから。

そんな私に水川先生は、「肝を据えて！」と言われ、緊急時に掛ける携帯電話の番号を教えてくださいました。

そんな日が続いている中でも、「サンタさんをせんといけんから」と、父は保育園のクリスマス会を気にかけて養生するのです。

無事にサンタさんの役を果し終えた一二月の末。松戸から弟一家が揃って帰って来て、広瀬町の兄の一家も集まって、母の七回忌の法要を行ないました。

みんなに囲まれた父は安心していたのでしょう、年末年始の水川医院の休診中に、往診をお願いすることはありませんでした。

平成一五年、年が明けての初詣は近くの氏神様でした。念のため、車椅子を車に積んで行きましたが使うほどのこともなく、ゆっくりゆっくり、休みながら境内を歩いてお参りできました。水川医院へも、通常の診療時間に通院して、診察と点滴を受けて、薬をもらって帰ってきました。

そして、保育園のトンド焼きの日。新しい年とともに訪れた年神さまを、正月飾りを燃やしたトンドの煙とともに天に送るという、トンド焼。

以前は、父も母も、子どもたちと一緒にトンドの火を囲んでいました。そんなとき両親は、自分たちが子どものころに体験したトンドのようすを懐かしそうに語ってくれたものです。

トンド焼の準備が出来て父を迎えに行くと、もう、父は身支度を整えて、山高帽を被って玄関で待っていました。庭に車椅子を出して、父が座るのを待って、ゆっくり車椅子を押して保育園まで行きました。

お庭では、正月飾りを積み上げた周りで子どもたちが賑やかに喋り合いながらベンチに座って待っています。そんな子どものベンチと並べて、車椅子を停めました。

山のように積まれた正月飾りに火が付き、書初めやお餅、ミカンがくべられて、煙が立ち上りだしました。煙に乗って、子どもの書初めが空に上って行きます。

「わぁあ、私の書初めが上がったぁー」、「僕のも上がっていったぁ」と騒いでいる子どもと一緒に、山高帽を被った父が天を仰いでいた姿は、目に焼き付いています。

このトンド焼きは、父が見届けた、ののはな園の最後の行事となりました。

父と生活しだして、父がまことに几帳面で適当な所がないことに驚きました。熱が出て寝ているときは別として、体調が戻ると、きちんと生活するのです。朝は早く起き出し、服を着替えて顔を洗い、お経を上げてから食事を摂り、それから机の前か炬燵に座ります。夜は脱いだ服を丁寧に畳み、布団の脇に重ねてからベッドに入ります。

「どうして、そんなに几帳面なん？」と聞いたことがあります。父は笑っているだけでした。おざなりな私を笑ったのかもしれません。

そんな父が、私が保育園を抜けて帰ってみると、服を着たままベッドに横になっています。びっくりして、訊ねました。

「どしたん？　どこか、調子が悪いん？」

「いやぁ、どこが悪いということもないけど、寝ている方が楽なんよ」

今まで私は、日になん度となく保育園から帰っては、困ったことはないか、大丈夫かと、二言、三言話しては、父のようすを気に留めて見てきました。いつ帰っても、炬燵に入って囲碁や中国語の本を見たり、アルバムの整理をしたり、パソコンを打ったりしていた父です。

その父が、寝ている方が楽、と言って横になっているのです。「そうなん」と、さり気なく言ったものの、なんとなく不安が過ります。でも、ヘルパーさんとは和やかに話しているようで、連絡メモには、変わりありませんでした、と書いてくださっています。

いつものように水川医院へ通院して診察と点滴を受けて帰りがけのこと。車が走る道路から真正面に保育園が見える所まで帰って来たときです。「ちょっと、車を停めて」と父が、言います。保育園のお庭では、子どもたちがジャングルジムに上ったり、ボールを蹴り合ったり、三々五々散らばって遊んでいます。

そういえば最近、父は保育園に出てきていません。私も、日になん度も家に帰っていますが、ベッドに横になっていることの多い父に、「一緒に、保育園に行ってみる？」とも誘えませんでした。父が熱を出したら大変、体調を崩したら大変、という思いが強かったのです。

そんなことを思いながら、車を停めて「どうしたの？」と訊ねました。

「ん――。よーう、保育園を見ておこうと思って」と、保育園をじっと見詰めながら言います。一瞬、ドキッとした私は、黙って一緒に保育園を見ているだけで、言葉も出ませんでした。

二月の始め、松戸に住んでいる弟が、突然「明日、ちょっと帰るからな」と電話してきました。母の法事で帰って来てから一か月です。なにかあったのかしらと思いましたが、帰って来た弟は父と向かい合って炬燵に入り、取り立ててなにを話すでもなく、父と一緒にテレビを見ながら、ゆっくり過ごしただけでした。やはり、父のことが気になっていたのでしょう。

弟が松戸に帰るとき、一緒に庭に出て迎えのタクシーを待っていると、門の傍らの福寿草が目に入りました。蕾が膨らんでいます。今にも蕾の先の黄色の花弁が覗きそうです。父の元気が湧いてくるかもしれない！

家の中の父に向かって大声で叫びました。「福寿草が出ているよ！」

父は、やっと玄関まで出て来て、にこっ、と笑顔を見せました。

この福寿草は、両親が隠居を建てたときに庭隅に植えたものです。毎年、福寿草が芽を出すころになると、父は散り落ちている枯葉を丁寧によけては、そっと辺りを撫でていました。手応えがあると母を呼び、ふたりで喜び合ったようです。そんな日の夕食のときには、私にも嬉しそうに教えてくれたものです。

福寿草の蕾を見て父が笑顔を見せた日から、一〇日も経たないときです。保育園が一段落して、お昼に家に帰って来たとき、父は炬燵に入ってお粥を食べていました。ヘルパーさんがつくってくださったのでしょう。

その父が、むせたのです。苦しそうに咳き込みだし、やっと息をしている父の背中をさすりながら、どうしていいか分からず、ヘルパーさんに問いました。お医者さんを呼んだ方がいいでしょうか？　ヘルパーさんも心配そうに、微かに頷かれます。苦しそうな父が見ておられず、すがるように水川医院に電話を入れました。

すぐ、来てくださった先生は、父を診られたあと、しばらくして言われた。

「限界かなあ。病院に行くかな？　病院には連絡を入れておくから、な」

震えながらそばについている私が限界、と思われたのでしょうか。

間もなく救急車が来て病院に着き、集中治療室に入りました。震えが止まらなかった私は、病院に任せたという事で、少しだけ、ほっとしました。

連絡をとった兄と嫂、孫たちも駆けつけて来ました。

父は、心配そうなみんなの顔を見回して言います。

「大丈夫だ！　明日は元気になって家に帰れる」

次の日の早朝、兄が隠居に立ち寄って、「お父さんのベッドに血が付いてるけど驚かんように」と言います。兄は、もう、病院に寄ってきたようです。

病室に行くと、ベッドの柵がずいぶん高くなっていて、父の手が包帯で括られていました。

父は昨日の出来事を覚えていないようで、私と兄に訊ねます。

「なにがあったんで？　早う、家に連れて帰ってぇ――」

腕の下の血痕を見て、昨夜、家に帰ろうとして点滴をはずしたのかしら、と思いながら柵越しに父の手をさすっていると、看護師さんが側に来ました。

「シーツはすぐ交換しますから。それから、家族の方が居られるときには包帯をとって、柵をはずしてくださっていいですよ」

その看護師さんを追うようにして詰め所まで行き、付き添いたい、と言うと、夜は人手が少ないので付き添えるのなら、と言われます。

詰め所から帰って父に、「今晩から側にいるから」と耳打ちしました。嬉しそうな安心したような、なんともいえない笑顔で頷いて、話し始めました。

「昨日の夜な、真っ暗な中で、身体のない顔だけの者が、手を伸ばしてきた」

頷きながら話を聞き、しばらく考えて、思いつきました。

夜の見回りで、看護師さんが痰の吸出しに来たのだろうと。

「その者と戦ったの？」と冗談らしく笑いながら言うと、父も笑いました。

「大丈夫？　寒くない？　なにかして欲しいことない？」

一生懸命さりげなく、明るい声で話しかけました。

「大丈夫だ！　もうすぐ元気になる」

父はいつものように答えたあと、家から囲碁と中国語の本を持って来て、と、本棚のどこに置いてある本かを詳しく説明します。家に帰って、言われた本を持って行くと、ちょっと見て、枕元に置きました。

眠っているように目を閉じていることが多く、点滴が効いているのかな、と思っていると、目を開けて手招きします。父の口元に耳を近づけて頷きながら話を聞き、父の耳に口を当てては話しました。

眠っているのかなと思っていた父が、かすかに笑顔を見せて目を開け、小さな声で、途切れ途切れに話しはじめます。

「ピーヒョロ、ピーヒョロッ、音が聞こえて、きれいな旗が並んで、軍服を着たお父さんが、馬に乗って、家の前の下の道を通って行った――」

うとうとしたとき、子どものころのお祭りのようすや、神官だった自分の父親の夢を見たのかもしれません。

朝晩病院に通ってくる兄から、「泣いたら、お父さんが心配するよ」と注意されますが、涙は流れます。涙を父に見られないよう気遣いながら、父の手招きに応じて、なんどもなんども耳元で会話しました。

父が、今度家に帰ったら、お経の本を持ってきて欲しい、と言います。嫂の輝子さんに付き添いを代わってもらった私は、家に着くなり目が腫れて物が見え難くなるまで思いっきり、ひとりで泣きました。

経本を持って行くと、父は両手で胸の上に置き、目を瞑りました。

息を引き取る前日、眠っているのかな、と思いながら側に座っていた私を、目を開けた父が手招きして、なにか話そうとします。父の口元に耳をくっつけて聞きましたが、声が聞き取れません。父は、仕草で筆を要求します。

筆を渡すと、私の持っている紙に、字のようなか細い線を次々と書きだしました。なにを言いたいのだろう。一生懸命に父の書いた線を見詰めました。いくつかの文字が読み取れます。その文字と、細く流れている線を繋いでいるうちに、はっ、としました。

「ありがとう、よろしくね」と声に出すと、ちょっと頬を緩めて大きく頷き、また書き始めます。でも、あとは読み取れません。――

そのあとすぐ、うとうとし始めました。もう、堪えられず号泣しました。入院して一週間目、松戸から駆けつけていた弟や、兄の一家に見守られながら父は息を引き取り、父と母の隠居に帰ってきました。

隠居の庭では、父と母が大事に育ててきた福寿草が、あちらこちらで黄金色の花を輝かせていました。

父が入院してからの一週間、保母さんたちみなさんが、保育園をどのようにして守ってくださったのか、ほとんど知りません。今になって、お世話になった保育園の先生たちみなさんに、感謝するのみです。

12　あるこ、どこまでも

平成一八（二〇〇六）年三月二五日。この日は、ののはな園最後の卒園式であり、在園児たちみんなの終了式でした。この日をもって、ののはな園は幕を下ろしました。小学校に入学の卒園児四人、他園に移る園児一八人と、その子どものお父さんお母さんたち、私たち職員五人と、講師の先生二人が参加しての、ささやかな最後の式でした。

ののはな園は、昭和四六（一九七一）年一二月一日、園児数四人から始まりました。ちょうど私の二七歳の誕生日からです。まだ若かった私は、確固たる信念があったわけでも、将来の見通しがあったわけでもなく、小さな保育園で、小さな子どもたちと触れ合いながら過ごしていきたい、との思いだけで始めたのです。

それから三四年と四か月。私が六二歳の誕生日を過ぎて、年度替わりの三月に閉園しました。ののはな園は、田んぼ道に咲く野の花のように、ひと知れず小さな花を咲かせ、ひと知れず静かに散り終えました。

長い年月の間には、三〇人の定員を大きく超えていた時期もありましたが、ここ四、五年は園児数も減少し、なかなか定員に達しない小さな認可外の保育園でした。でも、規模の小さな保育園、ののはな園には、大きな篤い心がたくさん詰まっていました。私たち職員は、骨身を惜しむことなく子どもたちと保育園のことをいつも優先して考え、保護者の方たちは、バザーや夏祭りやそのほか園の行事に労苦をいとわず力を貸して、物心両面で園を支えてくださいます。卒園した子やその保護者、園にゆかりのあるおじいちゃんやおばあちゃん、そして近隣のひとたちにいたるまで、事あるごとに大きな力で応援していただきました。

私は、子どもたちと一緒に遊び、生活する毎日がとても楽しく、三四年の歳月は、あっという間の出来事でした。その一方で、ゴールの見えないマラソンコースを全力疾走し続けているような気もしていました。

そこへ私事ながら、開園以来私を支え続けてくれていた父が、母の七回忌の法要を行なって安心したのか、黄泉に旅立ちました。その父を見送った一年後、大腸癌を患っていた兄までが亡くなったのです。

母が急逝したのち、父と兄が続けて亡くなり、残された親族間で大きな問題も起きてしまい、私自身が自分を支えきれなくなってしまったのです。そんなことで、平成一七年のお正月休みの間に、閉園を決意しました。

閉園しようと決心した私は、まず先生たち職員に告げました。それは、今年度の反省と、四月から始まる次年度の計画を立てる正月休み明けの職員会議のときです。

「保育園を、あと一年で閉めようと思います。子どもたちも、みなさんも、来年度の一年を心残りなく、精一杯楽しく過ごせるよう計画してください。

みなさんのお力を、あと一年、どうぞ、今まで通りに貸してくださるようお願いします」

私の状況を薄々察していたのか、唐突な話に対して返す言葉が探せなかったのか、重い空気が漂う中で先生たち職員は下を向いて黙したままでした。

そのとき以降、新しい入園希望の申し込みは一切お断りして、閉園で迷惑をかけるひとを少しでも少なくしていきました。


ののはな園は田んぼの中にあります。田んぼ道には四季それぞれの野の花が咲き、たくさんの小さな生き物がいて、田んぼの中を津山線の電車が走り、田に水を引く用水路もあります。田んぼ道を一〇分も歩くと、旭川の土手で、土手を越えると広い河川敷です。子どもの足で歩いて二〇分ほどの所には三野公園の山もあります。

そんな周辺一帯を、ののはな園の子どもたちはお庭のように毎日散歩し、時おり走る電車に手を振りながら四季それぞれの自然を楽しみました。三野の山は園の築山で、小さな川は用水路、大きな川は旭川、という感じで——。

赤ちゃんは大型の乳母車に乗せてもらい、歩けるようになった子は、大きい子に手を繋いでもらって、みんなで一緒に散歩します。大きい子は誇らしそうに手を繋いで小さな子を庇いながら歩き、小さな子は大きい子を頼りきって歩きます。私たちは、危険な所で気配りをすることと、小さな子が手を振り払って勝手に歩きたがって困るときだけ必要です。

細い田んぼ道を散歩していると、近所のひとや近隣のお百姓さん、学生さんなど色々なひとに出会います。私たちの行列は、みんなの通行の邪魔になることもあります。そんなときは、「こんにちは、お邪魔してごめんなさい」と挨拶して道を譲ります。そのうち子どもたちは、出会うひとにはだれかれの区別なく先を競って大きな声で挨拶をするようになりました。私たちの「こんにちは」のあとから、大きい子らが「こんにちは」と続き、それを真似る小さい子たちの「こんちは」へと、こだまのように挨拶が続きます。そんな子たちに出会う近隣のひとは、にこにこと声をかけてくださるのです。

「散歩に行きようるんかな——」
「みんな、よう挨拶ができるんじゃなぁ」
「おたまじゃくしがいるよ」
「れんげ畑で遊んでいいよ」
「用水に大きな魚がいたよ」
「お芋を掘りにおいで」

春になると、ののはな園のまわりの田んぼは、萌え出た緑の草で覆われ、色とりどりの野の花が入り乱れて咲きます。白いナズナ、ミミナグサ、ハコベラ、黄色いタンポポ、ジシバリ、カタバミソウ、ナノハナ。青紫のムラサキサギゴケ、オオイヌノフグリ、キランソウ。赤紫のカラスノエンドウ、ハナダイコン、ホトケノザ、タツナミソウ、オドリコソウ——。

そんな田んぼの中の道を、ぽかぽか暖かい日差しを浴びて子どもたちみんなで散歩します。花を摘みながら歩き、休耕田やれんげ畑に入って走り回り寝転がり、蝶やてんとう虫や蛙や、蛇までも友だちのようにして遊びます。

散歩中に出会った蛇は災難です。怖いもの見たさの子どもらに、わぁーわぁー騒ぎながら追いかけられ、捕獲上手の子に網で捕まえられることもあります。

捕まえた蛇を飼育箱で飼ったことがあります。長太郎《ながたろう》と名前をつけ、なにを食べるのか図鑑で調べて、蝿や蛙や鶉の卵を与えました。でも、食べません。二日後に、捕まえた子を説得して田んぼへ放しに行きました。飼育箱の蓋を開けた子は名残惜しそうに、「長ちゃーん、元気でなあ。ありがとうー」と逃げていく蛇を見送ったものです。

田植えのころから、用水路には水が流れ出します。緑の早苗が揺れる水鏡のような田んぼと、水を湛えて流れる用水路の間が、散歩道になるのです。

用水路には、旭川から引いたばかりの水に乗って大きな鯉や鯰も流れ込んできます。大きな鯉や鯰を見つけるや否や、私たちの魚とりが始まります。

捕った鯉や鯰をメジャーで計ってみたことがあります。体長が六〇センチ、胴回り三七センチありました。

用水路の水は、緑の早苗が黄金色の稲穂になるまで流れます。暑くて遠くまで出かけられない子どもたちは、夏の間じゅう用水路で魚を追います。大きい子は、自分の網を手に目の色を変えて魚を追いかけ、小さな子は、大きい子がとったバケツの中の魚を指さしては、大喜びです。

用水路の幅は、大人が両足を広げて跨げる程度で、子どもの遊び場としては恰好なのです。この用水路を、勇気を振り絞って跳び越えた子は、まこと嬉しそうに誇り、小さい子からも憧れの目で見られます。

用水路の水がきれいで流れも深さも適当と思われるころを見計らっては、大きなタライや小さなプールを運んで行って、バランスをとりながら舟のように乗って遊びます。この、スリルと快適さを味わう遊びは、なかなか終わりになりません。最初、怖々乗っていた子も、その楽しさの虜になってしまうのです。

用水路を流れている水は、土用干しのときと、稲が実って田の水を落とすときには止まります。水の流れなくなった用水路には、今まですいすい泳いで子どもの網で捕れなかった魚が行き場を失って、わずかに残っている水溜りの上をピチピチ跳ねています。それを見ると、子どもたちは我先にと用水路に下りて、服もズボンもドロドロにして魚を追いかけ、手掴みで捕まえます。

「鯰じゃあー」、「大きいよー」、「わぁーそっちへいったよー」、「バケッ、バケツ！」と、子どもらが口ぐちに発する興奮した声につられて近所の方も覗きに来られるほど、それはそれは賑やかな魚とりです。

秋には、稲田の間を歩いて虫を捕まえ、稲刈りを終えた切り株だけの広い田んぼを走り、落穂を拾って遊びます。田んぼ道だけではありません。少し遠くの三野公園や半田山植物園、法界院などにも歩いて行って、どんぐりや松ぼっくり、きれいに染まった木の葉などを拾って宝物のように持ち帰って来たりもします。

この時季、子どものお母さんがよく言われていました。洗濯機の中にどんぐりが浮いていた、と。ポケットに入れていたのでしょう。

二時間近く歩いて、スポーツ公園まで行くこともあります。途中の岡山大学の辺りでは、街路樹の桜や花水木が紅葉して真っ赤です。その真っ赤な紅葉を目にしながら岡山大学正門前の交差点まで行き、交差点を左に折れた瞬間、目の前が銀杏並木の黄色に一変するのです。この紅い世界から、黄色の世界へと変わる瞬間は感動的で、この感動を子どもにも味わって欲しいと思い、出来るだけ計画に入れていました。

年によっては、旭川の河原でキャンプごっこもしました。芋掘りで持ち帰った芋や、お米や豚汁に入れる野菜などを分けて子どもたちのリュックに入れ、テント、飯盒、鍋などは縄跳びの縄で括って背負えるようにします。力自慢の子は、我こそは、と重い大きい荷物を持ちたがります。それぞれの力に応じて荷物を分配して、河原まで歩くのです。まるで民族大移動のように。

河原に着くと、流木を拾い集めて石畳の間に入れて燃やし、ご飯や豚汁や焼き芋などを作ります。食事ができるまでにテントを張り、その傍らで、キャンプの雰囲気を味わいながら食べる食事は格別な味でした。

冷たい風が吹きつけてくると、凧揚げです。ナイロン風呂敷に竹ひごを貼ったカイト凧を風に乗せて高く揚げている子、ナイロン袋に糸をつけて持って走る子、年齢なりに、自分でつくった自慢の凧です。電信柱も電線もない広い休耕田で風に乗った凧はどこまでも上がり、どこまでも飛んでいきます。糸を撒きながら凧を追いかけ、寒さを忘れて遊んだものです。

そしてマラソン。体調さえ良ければ、朝の田んぼ道を走ります。清々しい朝の田んぼ道は、冷たさも格別です。走っていると、風邪など引いていなくても鼻水が流れ出てきます。そんなマラソンの思い出は、卒園した子たちみんなの語り草になっています。

お正月休みが明けると、田んぼの畦での七草摘み。せり、なずな、ごぎょう、はこべら、ほとけのざ、と唱えながらみんなで探します。子どもが摘んだものには、いろいろな草が混じっています。それを選別して、トントントン、ストトントン、と唄いながら交替し合って包丁を持ち、みんなで刻みます。

七草の入った雑炊を食べるのが恒例になったのは、私の両親が保育園の近くに帰って来てのちのことです。母の七草摘みについて行って、畦道に張りついている草の中から判別し難いゴギョウやホトケノザなどを訊ねながら摘んでいたのが始まりです。

ののはな園は、こんな春夏秋冬を長い間繰り返してきました。こんな春夏秋冬を繰り返しながら、子どもたちが季節を身体で感じ、なににでも挑戦し、いろいろなことを自分で考え、幅広い知識や巧みな身のこなしなどが身につくといいな、といつも思っていました。でも、こんな春夏秋冬を一番楽しんでいたのは私自身だったのです。

平成一七年、ののはな園最後の年度は、生活に費やす時間と、絵を描き、わらべうたで遊ぶ時間のほかは、たっぷりと園外保育を計画しています。

ののはな園の音楽はわらべうたです。わらべうたは、昔から歌い継がれ、伝えられてきた日本のうたで、ゆっくりしたテンポで、子どもにとって無理のない音域で歌えます。子どもたちは、身体を触れ合い、温もりを感じ合いながら、わらべうたを身体の中に取り込んでいます。

散歩しながら、身体の中に入っているわらべうたにぴったりの景色や、野の花や生き物などに出会うと、思わずだれかが歌いだし、みんなも一緒になって歌いながら歩いたものです。

「子どもたちとの四月は、これが最後」と心に秘めた私は、子どもと手をつなぎ、花いっぱいの田んぼ道を歩き回りました。れんげ畑や春の草花が咲き乱れている休耕田で花を摘み、虫を追い、ピーピー草を鳴らし、細いあぜ道を平均台のようにして渡り歩き、用水路を跳び越し――。今まで春の野で遊んできたことのすべてを楽しみました。三野公園、半田山植物園、三野浄水場、法界院と、行ったことのあるお花見の場所にもすべて行き、桜の四月に心ゆくまで浸りました。

でも、子どもにとっては、満開の桜よりも、散っている花のほうが目を引いたようです。「雪が降っているみたい」、「お弁当に花が入ってきた」、「花のじゅうたんだ」と、散り落ちている花びらを大事そうに拾い集めるのです。

春の野で摘んだ草花は、靴箱の上を飾るだけではなく、色々な料理にもなりました。旭川の土手で摘んだツクシは袴を取って炒め煮にし、田んぼで摘んだヨモギでお団子を作り、三野公園で摘んできたワラビは味噌汁に入れ、みんなで春を食べました。子どもと一緒に調理しながら、身体に取り込んだ春を忘れないで欲しいなあ、と思いながら——。

夏が近づきました。用水に水が流れ出すのを待ちかねていた私たちは、毎日まいにち網を持って用水路に出かけ、例年通りの魚とりを思う存分に楽しみました。

この年の夏には、命の不思議を目の当たりにした出来事があったのです。

庭隅の花壇の周りに集まっている子たちが、「頭の白い蝉がいるよー」と呼びます。行ってみると、蝉が羽化している最中でした。「さわっちゃぁいけんよ」と言い合いながら、透き通った薄緑の蝉の羽化をじっと眺めています。

殻から出たばかりの軟らかい翅は、しばらくすると、ぐちゃぐちゃのしわがピンと伸び、そのうち翅に線状の模様が見え始めました。子どもの発見で蝉の羽化という命の神秘を初めてみた私は、しばらくのあいだ動けないほど感動しました。

散歩道の両側で稲穂が垂れてくると、用水路の水は堰き止められて、残った浅い水の上を魚がピチピチ跳ねだします。それを見つけた子たちは、勢い込んで用水路に下り、大きな声を張り上げます。「居る、いる！」、「獲れたあ！」

あちらから、こちらから興奮した声が聞こえてくると、私もズボンを巻くり上げて用水路に下りています。そして、いつの間にか子どもらの先頭になって獲っているのです。「この年の女のひとが、こんな姿で魚とりなんかするだろうか」と心の中で笑いつつも、子どもの中にいると、なんでもできてしまうのです。

秋になり、最後の年度も半ばを過ぎました。一日いちにちを、一つひとつの行事を噛み締めて過ごさなくては、と思っているうちに運動会を迎えました。

例年通りの運動会を終えて、まだその余韻に浸っておられる保護者のみなさんに、保育室に集まってもらいました。そして、年間通してのご協力に心からのお礼を伝えたあと、話し始めました。

「保育園は今、三四年目を歩んでいます。今年の一二月で三五年目に入ります。保護者のみな様やOBのみな様など色々な方々のお力添えや励ましのお陰と、深く感謝しています。私事ながら、還暦を越える歳となり、少々健康もすぐれず体力と気力の限界を感じています。そこで、今年度をもちまして、来年の三月をもちまして、保育園を閉めようと思います」

和やかにひそひそ話を交わしながら聞いていた保護者の方は、話の最後の辺りで一瞬、息を呑んだような雰囲気になり、しんと静まり返りました。みなさんを見渡す勇気もない私は、下を向いたまま一生懸命に話を続けました。

市役所での新年度の入園受付が一一月の下旬から始まることや、次の保育園を検討する相談には出来る限りの力で協力することなどを。

話し終えても、席を立とうとされない保護者を残して部屋を出ました。保護者のみなさんの信頼を裏切ってしまった申し訳なさと、心に秘めていた閉園をやっと伝えることができた安堵感とで、全身の力が抜けてしまいました。

私が部屋を出てから、保護者の間で慰留の話もあったようで、目を真っ赤にした保護者の方が部屋を出て来られたのはずいぶん時間が経ってからでした。

それからのちは、毎年の秋とおなじように、お弁当を持って田んぼ道を散歩し、三野の山に登り、法界院や旭川の河原などに出かけ、しっかりしっかり秋を味わいました。

冬が来ました。日々は逃げるように、逝くように過ぎていきます。初めがあれば必ず終わりがある、と思いながら終焉に向けて、子どもたちの成長の記録、「あしあと」作りに取りかかりました。

「あしあと」を作り始めたのは、就学までの保育をする前からです。四、五歳で大きな保育園に転園して行く子に、それまで一緒に過ごした責任として、その子の成長のようすや姿を書いて贈っていたのです。きっと、その子と別れ難い自分の気持ちに、踏ん切りをつけていたのでしょう。

就学までの保育するようになってからは、卒園のお祝いとして贈りました。小さな保育園から大人数の小学校に入学して、中学校、高等学校と進学して行く中で、なにかしらの壁にぶつかるかもしれません。そんなとき、小さいときの自分を振り返って、また、自信を持って壁を乗り越えて欲しい、との思いで作るようになりました。それが――、こどもたちの成長のようすや姿を記しているうちに、私たちの姿勢や保育を見直す機会でもある、と気がついたのです。それからは、反省を込めて、一人ひとりの子の成長を振り返ったものです。

でも、もう、ののはな園は最後です。せめて、在園している子たちみんなに、「あしあと」を贈ろうと思いました。それからは、仕事を終えた夜、一人ひとりの子の、一年いちねんの記録を繰っては記していきました。

ちょうど、昔話『鶴の恩返し』の鶴が、助けてもらったおじいさんへの恩返しに反物を織ったように、思いを込め、身を削るようにして――。

そんな作業をしているあいだにも、保育園の門の傍らでは、亡き父が隠居の庭から移植してくれた福寿草が萌黄色の頭を覗かせ、日を追って鮮やかな黄色い花を開いて季節を知らせだしました。散歩しながら「なにか、いい匂いするー」と言う子の目線の先にも、背筋を伸ばした水仙が群れをなして咲き、枯れ木のような蝋梅の枝に黄色く透き通った花が咲き、あちらこちらで春を告げ始めました。

「もう少し待って、もう少し!!」と心の奥で叫びながらの三月なかば、やっと、みんなの、あしあとが出来上がりました。なんともいえない達成感とともに、子どもたちに対する私の責任の一端をも果たしたような気持ちになれました。これで、心置きなく子どもたちと一緒に思い出の場所巡りに出かけられます。

長い間に、季節きせつで行った場所はたくさんあります。田んぼ道、旭川の土手や河川敷、笠井山、三野公園、法界院、半田山植物園、御崎宮、子どもの森、スポーツ公園、池田動物園、児童公園——。とことこと歩いて行った場所や、電車やバスに乗って行った場所などいろいろですが、なんといっても圧倒的に多いのは歩いて行った場所です。

最後の思い出遠足は、四、五歳の大きい組だけで、なんどか行ったことのある児童公園と決まりました。田んぼの中を原駅まで歩いて、原駅から岡山駅までは電車です。岡山駅で西口から出て、奉還町商店街を通り抜け、トコトコ歩いて池田動物園前を通って、二時間近くかけて、やっと、児童公園に到着しました。

子どもたちは、「ここでプラネタリュウムを見たよなあ」と言った途端に、見えてきた恐竜の滑り台やガラガラ滑り台へと突進して行きました。

「帰るよーー」の声で集まってきた子どもたちのお尻は、ビショビショに濡れています。昨日は雨だったのです。

「ズボンがベチョベチョに濡れたわぁ」

「パンツまで濡れとるよぉ！」

口々に言う子どもを見て、引率して行った年長組担任の鈴子さんは、すばやく、きっぱりと、言い切りました。

「これじゃあ、バスに乗れんなぁ。歩いて帰るしかない！」

鈴子さんは、ずいぶん前に、ののはな園を卒園した康くんと梢ちゃんのお母さんで、一五年ほど前に若い保母さんが辞めて困っていたとき援けていただいて以来の先生です。

この先生の理解と細心の目配り、気配り、そして、どっしりとした体格に相応した物事に動じない豪快さがあったからこそ、ののはな園の子どもたちは大胆な遊びができたようにも思えます。

鈴子さんが「バスには乗れない」と言ったあとも、私は「バスに乗っても座席に座らなければ好いか」とか、「どこかに、立って食事する場所はないかな」とか考えながらバス通りに向かって歩きました。

歩いている途中、道路わきのコインランドリーが視界に飛び込んできました。瞬間、鈴子さんと私は、顔を見合わせました。同じことを思いついたのです。

ここで、子どもたちの濡れたパンツとズボンを乾かそう――。

コインランドリーに入って、「早く、早く」と急かされながら子どもたちは濡れたズボンやパンツを脱いで下半身裸になりました。「誰か来たらどうしよう」とドキドキしながら大急ぎでみんなの脱いだ物を乾燥機に入れている周りで、子どもたちは「キャハッハァー」と笑い合いながら楽しそうに走り回ります。

幸いなことに、乾かし終えるまでの間、そのコインランドリーには誰も来ませんでした。ホッとして、大急ぎで乾燥機から取り出したズボンやパンツを渡して、また、「早く、早く履いて」と子どもたちを急き立てました。

ほかほかの暖かいズボンとパンツを身につけた子たちは、機嫌よく歩き出します。歩いていると、ひとりの子が、遠くに高く上がっているマクドナルドの看板を見つけました。みんなは、行ったことがあるとか、おいしかったとか、マクドナルドの話で盛り上がり、あそこでなにか食べたい、と口ぐちに言います。

「看板のある所は遠いいよ」

「大丈夫、遠くても大丈夫！　歩ける！」

子どもたちは口を揃えて言い、看板を目指して歩きだしました。が、歩けど歩けど看板の店にはたどり着けず、ついにスポーツ公園の近くまで歩きました。

やっと願い通りの店に入って食事した子どもたちは、大喜びで元気倍増して、まだ歩くと言い、そこから近い子どもの森へ回りました。子どもの森でしばらく遊んで、法界院駅の前を通って旭川の堤防までやっと帰り着きました。

堤防のベンチに座って一休みした子たちは、満足そうにジュースを飲みました。バスに乗らずに買う、と言い張って途中で買ったジュースです。九時ごろ出発して、園に帰ってきたのは三時過ぎ。私にとっても、子どもたちにとっても忘れられない、歩きに歩いた、ののはな園らしい、最後の思い出遠足でした。

保育証書授与式まで数日となり、保育園の門の傍らの桜が満開になったころ、思いのほか淡々として日々を送っている自分に、気がつきました。「もう、保育園を続けられない、閉園しよう」と決意したとき、あと一年、と限られた一日いちにちを、どんな気持ちで過ごすのだろう、と案じていたのに、普段と少しも変わらないのです。

一日いちにちを、一つひとつの行事を「もう、これが最後」と思いながら心ゆくまで楽しんだ、充実した一年だったからでしょう。

さんぽ／どこまでも／あるこ／たのしいな

ぽかぽか春も／さむさむ冬も／あるこ／みんなでね

保育証書授与式の日。「さんぽ」のうたをうたいながら入場した子どもたちは、小学校へ上がる大きい子から順番に、ひとりずつ、保育証書と、「あしあと」を受け取りました。小さい子たちも、大きい子のようすをしっかり見て、名前を呼ばれると「はい」と大きな声で返事をして、受け取りに出てきました。赤ちゃん組の子は、お母さんと一緒でしたが、みんな、それぞれに立派でした。

そのあと、最後の言葉を贈りました。

――ひとりひとりのみなさんに、保育証書と成長のあしあとを渡した所で、ののはな園は、終わります。今日は、保育証書授与式であり、保育園が終わりの終了式です。今、みなさんに渡した、あしあとには、みんながこの保育園でどんな風に遊び、どんな姿を見せながら大きくなったのかが書いてあります。みんなが大きくなって漢字が読めるようになったころ、小さいときの自分を知りたくなったら取り出して読んで欲しいと思って、心を込めて作りました。

お父さん、お母さん！　今日帰られたら一度読んでくださいね。そして子どもたちのみんなも、いつの日か、読んでくださいね。

みなさん！　田んぼや川や山などの自然の中で、たくさん遊んできましたね。みんなの身体の中には、自然からもらった大きな力がたくさん入っています。この力は、田んぼ道に咲いている野の花のように、とてもたくましく強い力です。みんなは、四月から小学校や色々な保育園に行きます。田んぼ道に咲いている、みんなが大好きな、たんぽぽのように、その綿毛のように、ぽぽん、ほぽんと飛んで行ってください。そして、それぞれ飛んでいった場所で、また、たくましく根を張って、黄色いきれいな花を咲かせてくださいね。

私は、みんなと一緒に長い間たくさん遊んできました。とてもとても楽しかったです。みんなと一緒に遊んだ日は、私の大切な宝物です。そして、一緒に遊んだみんなも、私の大切な宝物です。
保護者のみなさん、先生たち、長い間ありがとうございました。

たんぽぽ／ぽぽーん／田のなかで
ほぽーん／ほぽーん／とんでいけ

あとがき

ののはな園とは、一九七一（昭和四六）年一二月に開園し、二〇〇六（平成一八）年三月まで、岡山市の北のはずれにあった宿保育園という認可外の小さな保育園のことです。

保育園は、田んぼを埋め立てて造成した小さな団地の一画にありました。そのため、保育園の周辺一帯は田んぼで、畦道には小さな野の花が咲き乱れます。

野の花は、ちょっと見たところ小さく地味な花ですが、見かけによらず力強く、毎年まいとし、時季が来れば必ず芽を出し可憐な花を咲かせ、そこいら一帯を季節の野の花で埋めつくします。

そんな中にあった保育園だったので、『ののはな園のこと』と題して、この保育園のことや、子どもたちのことを書いて、同人誌『女人随筆』一一四号（二〇一一年四月刊）から一二三号（二〇一一年四月刊）に連載しました。『女人随筆』への連載が終わったあと、ご指導いただいている井久保伊登子先生から、本にするようにとお勧めいただいていました。

けれども、自身を振り返ってみると、子どもの中にどっぷり浸かって、子どもたちと一緒に楽しく遊んでいただけで、なにか困ったことが起こると、周りのみなさんに援けていただき、支えられて過ごしてきた未熟者です。

それなのに偉そうに、楽しかったことだけを書いて本にするなど、躊躇いがあり、なかなか踏み切れませんでした。

それが、七五歳の誕生日を過ぎたころ、ふっと、そろそろ、なにか残して置こうかな、と思ったのです。七五歳から後期高齢者だからということではありませんが、確かに、以前は出来ていたことが出来なくなり、失敗が多くなり、やることなすことすべてに能率があがらず、ずいぶんの時間を要するようにもなっています。加えて、身体のあちらこちらで少しずつ不具合も生じてきました。それで、ふっと、思ったのかもしれません。

そんなこんなで、至らなかったところは目を瞑ったまま、『女人随筆』に連載したものを本にして残しておこうと思って、少し手を加えました。

出版に際しまして、まず一番に、「井の中の蛙」の私に、書くことのみならず、生きることの基本を教えてくださり、『ののはな園のこと』の出版をお勧めいただいた井久保伊登子先生に、心よりの感謝を伝えたいと思います。

そして、保育園で一緒に過ごした子どもたち、子どもたちのお父さまやお母さま、おじいさま、おばあさま。保育園に力を貸してくださった同士、職員のみなさま。加えて、これまで保育園の子どもたちや保育園を温かく見守ってくださり応援してくださった近隣のみなさま。たくさんのみなさま方に深く感謝いたし、お礼を申し上げます。

また、わたくし事ながら、保育園と私を全力で支えて応援してくれた亡き両親と、励ましてくれていた兄の家族、弟の家族にも感謝したいと思います。

最後になりましたが、吉備人出版の山川さまはじめみなさま、一方ならぬお手数、お力添えをいただき、お世話になり、ありがとうございました。

小山 博子

■著者プロフィル■

小山博子（こやま・ひろこ）
1943年生まれ。京都女子大学短期大学部卒業。
1971年12月から2006年３月まで保育園「宿保育園」を経営。
2006年から公民館の文章表現講座受講。
「女人随筆」同人。
著書に『トンガ道中記—トンガで活動する若者を訪ねて』。

ののはな園のこと

2020年５月31日　発行

著　者　小山博子
発　行　吉備人出版
〒700-0823 岡山市北区丸の内２丁目11-22
電話 086-235-3456　ファクス 086-234-3210
ウェブサイト　www.kibito.co.jp
Eメール　books@kibito.co.jp
印刷所　株式会社 三門印刷所
製本所　株式会社 岡山みどり製本

ISBN978-4-86069-618-4　C0095